annabrevet
SUJETS et **CORRIGÉS** 2018

Français

Christine Formond
Louise Taquechel

Avec la participation de Jean-François Lecaillon,
Marielle Chevallier, Christophe Clavel
et Guillaume D'Hoop

Achevé d'imprimer
Par Maury imprimeur à Malesherbes - France
Dépôt légal 03047-3/01 - Août 2017

Annabrevet

MODE D'EMPLOI

Que contient cet Annabrevet ?

Tous les outils nécessaires pour te préparer de manière efficace à la seconde épreuve du brevet 2018.

En premier lieu, les sujets de la dernière session, mais également :
– des sujets complémentaires ;
– des conseils de méthode ;
– un mémo avec les notions clés.

▶ Une large sélection de sujets

L'ouvrage comprend des sujets complets (français, histoire-géographie, EMC) et des exercices de français classés par thèmes. Il couvre tout le nouveau programme et met en œuvre les compétences exigibles à la fin du cycle 4.

▶ Comment les sujets sont-ils traités ?

Pour t'aider à bien interpréter un sujet et « fabriquer » une bonne copie, les auteurs ont associé à chaque énoncé :
– une explication du sujet et des aides pour traiter les différentes questions (rubrique « Les clés du sujet ») ;
– un corrigé clairement structuré, avec des conseils et des commentaires.

Comment utiliser l'ouvrage ?

▶ À l'aide du sommaire

Dès le mois de décembre, à l'occasion d'un contrôle ou d'un brevet blanc, n'hésite pas à te familiariser avec les types d'exercices proposés au brevet en traitant ceux qui correspondent aux thèmes que tu dois réviser.

Travaille-les le plus possible, dans un premier temps, avec la seule aide des « Clés du sujet » ; puis confronte ce que tu as fait avec le corrigé proposé.

▶ À l'aide du planning de révisions

La date de l'examen approche. Grâce à la rubrique « Planifie tes révisions », tu peux organiser ton travail en fonction du temps qu'il te reste. Traiter les sujets proposés te permettra d'aborder l'épreuve dans les meilleures conditions possible.

Et l'offre privilège sur annabac.com ?

L'achat de cet ouvrage te permet de bénéficier d'un accès gratuit* aux ressources d'annabac.com pour le niveau 3e : fiches de cours, podcasts, quiz interactifs, exercices, sujets d'annales corrigés…

Pour profiter de cette offre, rends-toi sur www.annabac.com, dans la rubrique « Vous avez acheté un ouvrage Hatier ? ». La saisie d'un mot-clé du livre (lors de ta première visite) te permet d'activer ton compte personnel.

* Selon conditions précisées sur www.annabac.com

Qui a fait cet Annabrevet ?

▶ L'ouvrage a été écrit par des enseignantes de français : Christine Formond et Louise Taquechel.
Jean-François Lecaillon, Marielle Chevallier, Christophe Clavel et Guillaume D'Hoop, enseignants d'histoire-géographie, ont rédigé les exercices d'histoire, géographie et EMC des sujets complets.

▶ Les contenus ont été préparés par plusieurs types d'intervenants :
- des éditeurs : Grégoire Thorel et Adeline Ida,
assistés de Tara Mazelié et de Sarah Basset ;
- une correctrice : Clothilde Diet ;
- des graphistes : Tout pour plaire et Dany Mourain ;
- des maquettistes : Hatier et Nadine Aymard ;
- un infographiste : Vincent Landrin ;
- une illustratrice : Juliette Baily ;
- un compositeur : STDI.

SOMMAIRE

- **Zoom sur les exercices de la deuxième partie** 7
- **Planifie tes révisions** 8

Infos et conseils sur...

- **La seconde épreuve écrite du brevet** 9

14 sujets expliqués et corrigés

Coche les sujets sur lesquels tu t'es entraîné.

Sujets complets

1 Épreuve 2 : France métropolitaine 2017 .... 16 ❏
GÉOGRAPHIE • Les aires urbaines françaises
HISTOIRE • Le monde depuis 1945 : indépendances et construction de nouveaux États
EMC • Les grands principes de la Défense nationale
FRANCAIS • La vie urbaine

2 Épreuve 2 : sujet zéro .... 32 ❏
HISTOIRE • La Résistance
GÉOGRAPHIE • Les espaces et les dynamiques des villes françaises
EMC • La laïcité
FRANCAIS • Les villes du futur

Exercices classés par thèmes

SE RACONTER, SE REPRÉSENTER

3 Une liberté nouvelle • Pondichéry, mai 2017 .... 51 ❏
TEXTE • Simone de Beauvoir, *La Force de l'Âge* (1960)
IMAGE • Vittorio Matteo Corcos, *Rêves* (1896)

4 Une inégale répartition des tâches • Polynésie française, juin 2017 .... 61 ❏
TEXTE • Annie Ernaux, *La Femme gelée* (1981)
IMAGE • Publicité Moulinex (1959)

SOMMAIRE

5 Une famille de rêve . . . . 71 ❏
TEXTE • Alain Mabanckou, *Lumières de Pointe-Noire* (2013)
IMAGE • Wilfredo Lam, *Niño en blanco* (1940)

DÉNONCER LES TRAVERS DE LA SOCIÉTÉ

6 Une fuite dans l'imaginaire • Centres étrangers, juin 2017 . . . . 82 ❏
TEXTE • Gustave Flaubert, *Madame Bovary* (1857)
IMAGE • Publicité pour la marque Chanel (1982)

7 Des expériences professionnelles traumatisantes . . . . 91 ❏
TEXTE • Amélie Nothomb, *Stupeur et tremblements* (1999)
IMAGE • Charlie Chaplin, *Les Temps modernes* (1936)

AGIR DANS LA CITÉ : INDIVIDU ET POUVOIR

8 Une insoumise . . . . 102 ❏
TEXTE • Jean Anouilh, *Antigone* (1944)
IMAGE • Mise en scène d'*Antigone* par la Comédie-Française (2012)

9 L'armée des ombres • Sujet zéro, série professionnelle . . . . 112 ❏
TEXTE • Joseph Kessel, *L'Armée des Ombres* (1943)
IMAGE • Affiche du film de Jean-Pierre Melville, *L'Armée des Ombres* (1969)

10 De l'importance d'avoir un métier • Amérique du Nord, juin 2017 . . . . 122 ❏
TEXTE • Alice Ferney, *Cherchez la femme* (2013)
IMAGE • Barbara Kruger, *Savoir, c'est pouvoir* (1989)

VISIONS POÉTIQUES DU MONDE

11 Invitation au voyage . . . . 132 ❏
TEXTE • Charles Baudelaire, « L'Invitation au voyage » (1857)
IMAGE • Le Lorrain, *Port de mer au soleil couchant* (1639)

12 Objets quotidiens . . . . 142 ❏
TEXTE • Francis Ponge, « Le pain » (1942)
IMAGE • Picasso, *Tête de taureau* (1942)

PROGRÈS ET RÊVES SCIENTIFIQUES

13 Paris en 2050 . . . . 151 ❏
TEXTE • René Barjavel, *Ravage* (1943)
IMAGE • Le Corbusier, *Plan pour la reconstruction de Paris* (1925)

14 Expériences et découvertes . . . . 161 ❏
TEXTE • Erik Orsenna, *La vie, la mort, la vie* (2015)
IMAGE • Albert Edelfelt, *Louis Pasteur* (1885)

Le mémo du brevet

- Reconnaître un récit 174
- Reconnaître les formes de l'écriture de soi 175
- Reconnaître un texte théâtral 176
- Étudier un poème 177
- Identifier la satire 178
- Reconnaître et construire une argumentation 179
- Écrire un dialogue argumentatif 180
- Raconter une expérience personnelle en exprimant ses sentiments 181
- Écrire une suite de récit 182
- Écrire un dialogue théâtral 183

ZOOM sur...

... les exercices de la deuxième partie

LES DICTÉES

Difficulté abordée	Sujets n°
Les déterminants	2, 6
Les homophones grammaticaux	1, 2, 3, 5, 6, 8, 9, 11
Les homophones en conjugaison	6, 8
Les mots invariables	13
Les mots difficiles	3, 7, 12, 14
Les marques du pluriel	3, 10, 11, 12
L'accord des adjectifs	1, 6, 9, 11, 13, 14
L'accord du participe passé	5, 9, 14
Les temps verbaux	3, 5, 7
L'inversion du sujet et du verbe	1, 2, 13

LES SUJETS DE RÉÉCRITURE

Type de réécriture	Sujets n°
Passer au pluriel	1, 2, 3, 4, 7, 9, 10, 11, 12
Changer les personnes	5, 6, 8, 13, 14
Changer de temps	1, 5, 13

LES SUJETS DE RÉDACTION

Sujets d'argumentation	
Thème	Sujets n°
Parler de soi et des autres	5, 12
Exprimer son avis sur la société et sur le monde	1, 3, 4, 6, 7, 9, 10, 11, 13, 14
Argumenter dans une situation fictive	2, 8

Sujets d'invention	
Type de sujet	Sujets n°
Exprimer ses sentiments	1, 3, 5, 7
Construire un récit	5, 10
Écrire une suite de texte	4, 9
Rédiger un dialogue ou un monologue	3, 8, 10, 13
Écrire une lettre	2, 14
Écrire un article	1
Décrire une personne, un objet ou un lieu	1, 6, 11, 12, 13

Planifie tes révisions

J -30 Révise des thèmes clés du programme

N°	Thème
3	Se raconter, se représenter
4	Se raconter, se représenter
6	Dénoncer les travers de la société
9	Agir dans la cité : individu et pouvoir
10	Agir dans la cité : individu et pouvoir
12	Visions poétiques du monde
14	Progrès et rêves scientifiques

J -15 Travaille les méthodes

N°	Point de méthode
Dictée	
8	Distinguer les homophones
7	Distinguer les temps employés
5	Accorder les participes passés
Rédaction	
2	Écrire une lettre
3	Exprimer ses sentiments
6	Exprimer son avis sur la société

J -7 Les révisions se terminent !

Entraîne-toi avec le sujet complet **1**, dans le temps prévu pour l'examen.

Infos et conseils sur...

La seconde épreuve écrite du brevet

1. Comment s'organise la seconde épreuve écrite du brevet ?...............................10
2. Comment te préparer à l'examen ?............12
3. Comment réussir les exercices de français ? 13
4. Comment réussir la rédaction ? 14

1. Comment s'organise la seconde épreuve écrite du brevet ?

La seconde épreuve écrite du brevet concerne le français, l'histoire, la géographie et l'enseignement moral et civique (EMC).

A. Quelles sont les modalités de l'épreuve ?

1. La durée

L'épreuve dure **5 heures**. Elle se compose de deux parties :
– **3 h 10** pour la première partie, qui a lieu le matin ;
– **1 h 50** pour la seconde partie, qui a lieu l'après-midi.

2. Le barème

L'ensemble de l'épreuve est noté sur **100 points** :
– dans la première partie, les questions d'histoire et de géographie sont notées sur **20 points chacune**, celles d'EMC sur **10 points**. Les questions de français et la réécriture sont sur 25 points ;
– dans la seconde partie, la dictée est notée sur 5 points et la rédaction, sur 20 points.

B. Comment se déroule l'épreuve ?

1. La première partie

La première partie est consacrée à **la compréhension, l'analyse et l'interprétation de textes et de documents**. Elle comprend deux périodes :
– une **première période**, de 2 heures, porte sur les enseignements d'histoire, de géographie et d'EMC. Elle comporte un exercice dans chaque discipline ;
– une **seconde période**, d'1 h 10, porte sur le programme de français. Tu dois répondre à des questions sur un texte littéraire et sur un document iconographique ou audiovisuel, et faire un exercice de réécriture.

> **REMARQUE** Tous les exercices de français prennent appui, directement ou non, sur ce texte. Sa bonne compréhension est donc essentielle.

2. La seconde partie

La seconde partie évalue tes capacités de **rédaction** et ta **maîtrise de la langue française**. Elle compte deux exercices :
– une **dictée** de 600 signes environ (20 minutes) ;
– un **travail d'écriture** (1 h 30). Deux sujets de rédaction au choix te sont proposés : un sujet de réflexion et un sujet d'invention.

ÉPREUVE ÉCRITE 2

⏱ 3 h 10 + 1 h 50 ⭐ 100 pts

1re partie : analyse et compréhension de documents

1re période
- ⏱ 2 heures
- ⭐ 50 points
- 1 ex. d'histoire
- 1 ex. de géographie
- 1 ex. d'EMC

2e période
- ⏱ 1 h 10
- ⭐ 25 points
- questions de français sur un texte littéraire et un document visuel
- réécriture

👍 Lisez attentivement les documents et parcourez l'ensemble du sujet avant de commencer à répondre.

2e partie : rédaction et maîtrise de la langue

- ⏱ 20 minutes
- ⭐ 5 points
- dictée

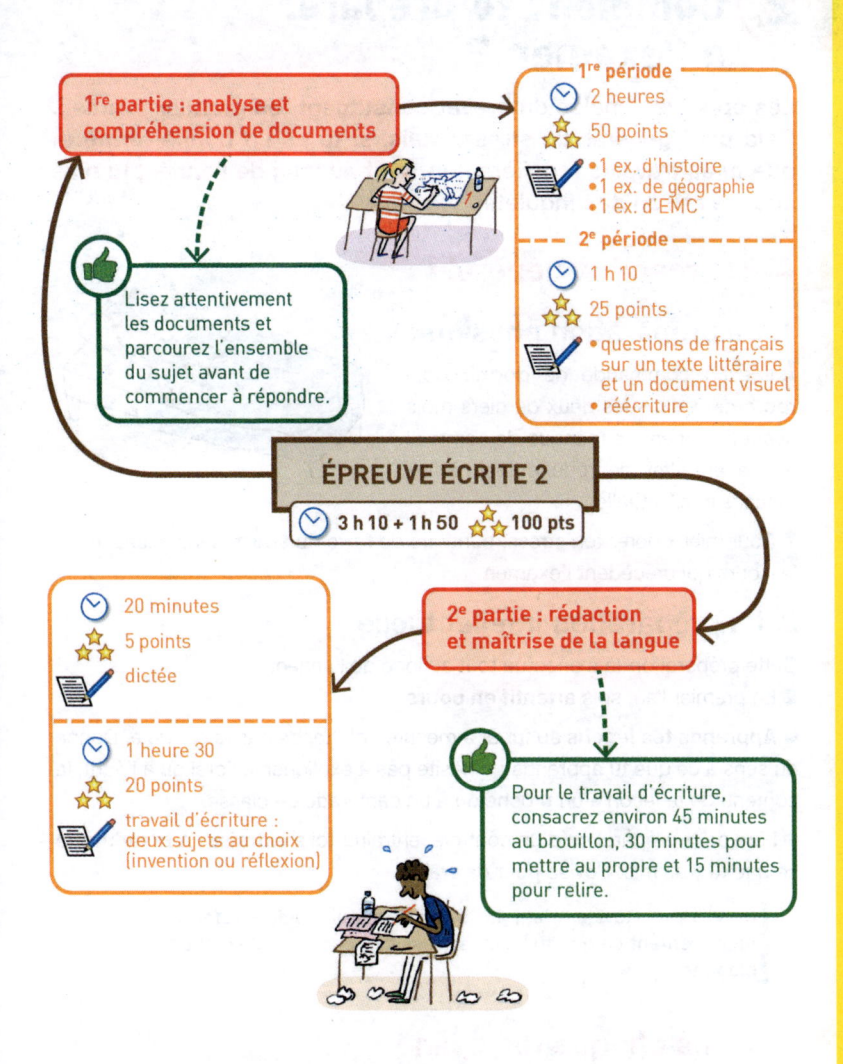

- ⏱ 1 heure 30
- ⭐ 20 points
- travail d'écriture : deux sujets au choix (invention ou réflexion)

👍 Pour le travail d'écriture, consacrez environ 45 minutes au brouillon, 30 minutes pour mettre au propre et 15 minutes pour relire.

Dans cet ouvrage, les sujets inédits sont conformes au sujet zéro, qui prévoyait que l'exercice de réécriture soit associé à la seconde partie de l'épreuve.

2. Comment te préparer à l'examen ?

Les épreuves finales du brevet constituent ton premier examen. Cela peut générer du stress. Mais, si tu es en bonne forme et que tu as travaillé régulièrement tout au long de l'année, tu n'as aucune raison de t'inquiéter.

A De manière générale

1. La préparation physique

- Il est recommandé de **dormir correctement** dans les deux derniers mois avant l'examen. Le manque de sommeil risque en effet de réduire tes performances intellectuelles.

- Pour mieux gérer ton stress, continue de **faire du sport**, sans excès, dans les jours qui précèdent l'examen.

2. La préparation intellectuelle

Cette préparation-là s'effectue tout au long de l'année.
- En premier lieu, sois **attentif en cours**.

- **Apprends tes leçons** au fur et à mesure ; n'attends pas le contrôle. Donne du sens à ce que tu apprends : n'hésite pas à expliquer, à l'oral ou à l'écrit, le contenu de ta leçon à un proche ou à un camarade de classe.

- Lors de la préparation d'un contrôle, entraîne-toi à **extraire de ta mémoire** ce que tu y as mis. Révise pour de vrai !

> **ATTENTION !** Réviser n'est pas seulement relire. Il faut reformuler mentalement ce que tu lis et, si possible, par écrit, devant une feuille blanche.

B Dans chaque discipline

- En **mathématiques et en sciences**, fais une fiche de révision par chapitre : note les définitions et les propriétés à connaître, illustrées par des exemples rédigés.

- En **français**, prends le temps nécessaire pour lire attentivement les textes qu'on te donne à lire à la maison (sous forme d'extraits ou d'œuvres complètes).

- En **histoire, géographie et EMC**, pour chaque chapitre, note les points principaux en t'appuyant sur ton cours ou ton manuel.

3 Comment réussir les exercices de français ?

Les exercices de français sont au nombre de trois : des questions sur un texte et un visuel, un exercice de réécriture et une dictée.

A Comprendre les documents et répondre aux questions

- **Lis deux ou trois fois** le texte. Identifie son **genre**. Regarde attentivement le **document iconographique ou audiovisuel** qui l'accompagne. Quel élément commun permet de faire le lien avec le texte ?

- Des questions portent sur les **grandes caractéristiques** du texte (thème, structure, personnage(s), point de vue, etc.), d'autres sur des **faits de langue** (vocabulaire, figures de style, temps des verbes, etc.). Tu dois ensuite faire le bilan et donner ton **avis personnel** : expliciter la visée de l'auteur, dégager l'intérêt du texte…

- Deux questions t'invitent à confronter le texte et le document iconographique. En général, l'une te fait travailler sur l'image, l'autre te demande de justifier le rapprochement avec le texte.

B Réussir la réécriture

- L'exercice te demande de réécrire un passage du texte en fonction de différentes **contraintes grammaticales**. Il peut s'agir de modifier le sujet du premier verbe ou son temps, ou de réécrire le texte au discours indirect, etc.

- Le changement initial entraîne des transformations orthographiques. Avant de réécrire le texte, **souligne tous les mots qu'il faut modifier**. Si tu changes la personne du sujet, n'oublie pas que certains pronoms personnels et déterminants possessifs peuvent aussi changer.

C Réussir la dictée

- Lors de la première lecture, écoute attentivement le texte pour bien en comprendre le sens.

- Ensuite, relis-toi : vérifie toutes les **formes verbales** : temps et accord avec le sujet. N'oublie pas d'accorder les **participes passés** qui doivent l'être.

> **CONSEIL** Concentre-toi sur le nombre des noms et les accords des adjectifs. Sois également attentif aux homonymes grammaticaux employés (ou/où, quand/qu'en, c'est/s'est…).

- Soigne ton écriture et respecte la ponctuation.

4 Comment réussir la rédaction ?

Tu as le choix entre un sujet de réflexion et un sujet d'invention. Tous deux portent sur la même thématique que les documents distribués dans la première partie de l'épreuve.

A Comprendre le sujet

Lis les deux sujets et choisis rapidement celui que tu veux traiter.

1. Le sujet de réflexion

- On te demande d'exprimer **ton avis** sur une question précise. Tu dois écrire un texte à dominante **argumentative** en justifiant ton point de vue.
- Le plus souvent, il s'agit d'écrire un petit essai. On peut aussi te demander de développer une argumentation dans une lettre ou sous forme de dialogue.

2. Le sujet d'invention

- Il peut s'agir d'écrire la suite d'un récit, de raconter la même scène en changeant de point de vue ou d'imaginer une autre scène sur le même thème. On pourra également te demander de **raconter une expérience personnelle**, en précisant les sentiments que tu as éprouvés à cette occasion.

> **CONSEIL** Pense à enrichir tes récits par des descriptions et des dialogues, même lorsque les consignes ne le précisent pas.

- La consigne t'indique clairement le **type de texte** attendu : texte essentiellement narratif, lettre, récit avec passages dialogués…

B Travailler au brouillon

- Accorde **50 minutes** à cette phase.
- Pour un **sujet de réflexion**, contente-toi d'écrire au brouillon le plan et les idées principales de chaque paragraphe, sans faire de phrases complètes. L'introduction et la conclusion, en revanche, seront totalement rédigées.
- Pour un **sujet d'invention**, rédige tout ton texte au brouillon. Écris au crayon et saute des lignes. Organise ton texte **en paragraphes**.
- Quand tu as terminé ton premier jet, **retravaille-le** : vérifie que les phrases s'enchaînent bien et qu'il n'y a pas trop de répétitions ; puis corrige les erreurs.

C Recopier efficacement

- Accorde **30 minutes** à cette dernière étape. Recopie lisiblement. Ton texte doit faire 2 pages minimum, soit 300 mots environ.
- Il te restera **10 minutes** pour te relire et supprimer les erreurs d'inattention.

14 sujets expliqués
… et corrigés

- **Sujets complets**
  Sujets 1 et 2 16

- **Exercices classés par thèmes**
  Sujets 3 à 14 51

SUJET 1

France métropolitaine • Juin 2017
Sujet complet • 100 points

Épreuve 2 : France métropolitaine 2017

1re partie • Analyse et compréhension de textes et documents, maîtrise des différents langages

■ 1re période (2 heures)

1. ANALYSER UN DOCUMENT • GÉOGRAPHIE — 20 POINTS

DOCUMENT — Évolutions de la France urbaine

L'un des éléments majeurs qui transforme le territoire national et la société française est la généralisation du fait urbain. Le seuil des 50 % de population urbaine, atteint au niveau mondial en 2007, a été franchi en France dès 1931. […] Les villes occupent aujourd'hui près de 22 % du territoire métropolitain, soit 119 000 km² sur un total de 550 000, contre 100 000 km² en 1999, ce qui représente une progression de 19 % en dix ans. Le rythme de la croissance urbaine est ainsi plus soutenu qu'au cours des décennies précédentes, proche de celui des années 1950 et 1960.

La croissance urbaine se traduit par l'agrandissement d'agglomérations existantes ou par l'apparition de nouvelles villes isolées. […] Aujourd'hui, l'urbanisation du territoire français est essentiellement le produit de l'étalement urbain, c'est-à-dire l'extension des surfaces urbanisées. […]

Cette généralisation du fait urbain a des conséquences majeures pour les territoires et leurs habitants. Elle transforme aussi bien les formes que les paysages. Lyon est un bon exemple de la diversité des espaces urbains à l'intérieur d'une même aire urbaine. L'étalement urbain brouille en effet les frontières traditionnelles de la ville. <u>L'apparition de l'adjectif « périurbain » souligne l'émergence d'un espace mélangeant ville et campagne.</u>

D'après Magali Reghezza-Zitt, « La France, une géographie en mouvement », *La Documentation photographique*, n° 8096, 2013.

▶ **1.** Recopiez deux informations du texte montrant que la population habitant dans les villes augmente. *(4 points)*

▶ **2.** Citez une information du texte qui montre que l'étalement urbain concerne l'ensemble du territoire national. *(3 points)*

▶ **3.** Indiquez une conséquence de l'étalement urbain. *(3 points)*

▶ **4.** Expliquez la phrase soulignée. *(4 points)*

▶ **5.** Réalisez un schéma et sa légende des différents types d'espaces qui composent une aire urbaine. *(6 points)*

2. MAÎTRISER DIFFÉRENTS LANGAGES • HISTOIRE   20 POINTS

▶ **1.** Rédigez un développement construit d'environ vingt lignes expliquant comment une colonie est devenue indépendante. Vous vous appuierez sur l'exemple étudié en classe. *(14 points)*

▶ **2.** Quelques temps forts du XXe siècle en France, en Europe et dans le monde :

1. Chute du mur de Berlin

2. Libération de la France

3. Naissance de la Ve République

4. Première Guerre mondiale

5. Arrivée d'Hitler au pouvoir

a) Situez les événements sur la frise chronologique suivante, en reportant le numéro correspondant dans la case. *(2,5 points)*

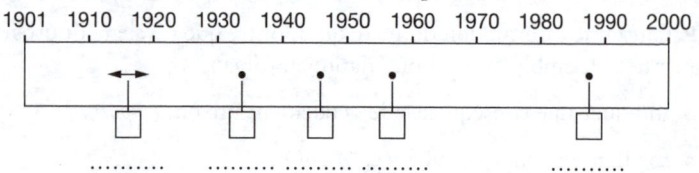

```
1901  1910  1920  1930  1940  1950  1960  1970  1980  1990  2000
```

b) Sur les pointillés, vous indiquerez la date de deux événements de votre choix. *(2 points)*

c) À partir de la frise chronologique, trouvez l'événement en lien avec la guerre froide et justifiez votre choix en quelques mots. *(1,5 point)*

3. ENSEIGNEMENT MORAL ET CIVIQUE — 10 POINTS

DOCUMENT — Mobilisation des militaires auprès des populations

Au moment où le Nord-Ouest de la France a connu fin mai 2016 des pluies torrentielles et des débordements de nombreux cours d'eau qui ont généré d'importantes perturbations dans les transports, 10 camions de l'armée de terre ont été déployés, le 2 juin, à la demande du préfet du Loiret pour permettre le transport de plusieurs centaines de personnes bloquées sur les axes routiers vers des zones d'hébergement d'urgence communales. Au total, ce sont 250 militaires qui sont mobilisés depuis un peu plus d'une semaine pour lutter contre les intempéries.

Cette mission de soutien est donc l'occasion de faire un bilan de la participation des forces armées du ministère de la Défense à la lutte contre les intempéries et les feux de forêts sur le territoire national et d'en tirer des conclusions, surtout dans le contexte de resserrement budgétaire et d'état d'urgence dans lequel vit la France.

Source : iFRAP (Fondation pour la recherche sur les administrations et les politiques publiques), article publié le 6 juin 2016.

▶ **1.** Expliquez quelle est la mission confiée aux forces de l'armée de terre dans le document.

▶ **2.** Citez une autre mission confiée aux forces armées sur le territoire national ou à l'extérieur.

▶ **3.** Vous avez été choisi(e) pour représenter la France au prochain sommet de l'Union européenne. Vous êtes chargé(e) de réaliser une note pour présenter une mission des militaires français sur le territoire national ou à l'étranger. Montrez en quelques lignes que l'armée française est au service des valeurs de la République et de l'Union européenne.

2e période (1 h 10)

4. QUESTIONS • FRANÇAIS   **20 POINTS**

DOCUMENT A   **Texte littéraire**

Giono a décidé de vivre à la campagne, au plus près de la nature. Néanmoins, il va parfois à Paris. Il évoque ici son expérience de la ville.

Quand le soir vient, je monte du côté de Belleville[1]. À l'angle de la rue de Belleville et de la rue déserte, blême et tordue, dans laquelle se trouve *La Bellevilloise*[2], je connais un petit restaurant où je prends mon repas du soir. Je vais à pied. Je me sens tout dépaysé par la dureté du trottoir et le balancement des hanches qu'il faut avoir pour éviter ceux qui vous frôlent. Je marche vite et je dépasse les gens qui vont dans ma direction ; mais quand je les ai dépassés, je ne sais plus que faire, ni pourquoi je les ai dépassés, car c'est exactement la même foule, la même gêne, les mêmes gens toujours à dépasser sans jamais trouver devant moi d'espaces libres. Alors, je romps mon pas et je reste nonchalant[3] dans la foule. Mais ce qui vient d'elle à moi n'est pas sympathique. Je suis en présence d'une anonyme création des forces déséquilibrées de l'homme. Cette foule n'est emportée par rien d'unanime. Elle est un conglomérat de mille soucis, de peines, de joies, de fatigues, de désirs extrêmement personnels. Ce n'est pas un corps organisé, c'est un entassement, il ne peut y avoir aucune amitié entre elle, collective, et moi. Il ne peut y avoir d'amitié qu'entre des parties d'elle-même et moi, des morceaux de cette foule, des hommes ou des femmes. Mais alors, j'ai avantage à les rencontrer seuls et cette foule est là seulement pour me gêner. Le premier geste qu'on aurait si on rencontrait un ami serait de le tirer de là jusqu'à la rive, jusqu'à la terrasse du café, l'encoignure de la porte, pour avoir enfin la joie de véritablement le rencontrer.

[…]

De tous ces gens-là qui m'entourent, m'emportent, me heurtent et me poussent, de cette foule parisienne qui coule, me contenant sur les trottoirs devant *La Samaritaine*[4], combien seraient capables de recommencer les gestes essentiels de la vie s'ils se trouvaient demain à l'aube dans un monde nu ?

Qui saurait orienter son foyer en plein air et faire du feu ?

Qui saurait reconnaître et trier parmi les plantes vénéneuses les nourricières comme l'épinard sauvage, la carotte sauvage, le navet des montagnes, le chou des pâturages ?

Qui saurait tisser l'étoffe ?
35 Qui saurait trouver les sucs pour faire le cuir ?
Qui saurait écorcher un chevreau ?
Qui saurait tanner la peau ?
Qui saurait vivre ?
Ah ! c'est maintenant que le mot désigne enfin la chose ! Je vois
40 ce qu'ils savent faire : ils savent prendre l'autobus et le métro. Ils savent arrêter un taxi, traverser une rue, commander un garçon de café ; ils le font là tout autour de moi avec une aisance qui me déconcerte et m'effraie.

Jean Giono, *Les Vraies Richesses*, 1936.

1. Belleville : quartier parisien dans l'Est de la ville.
2. *La Bellevilloise* : coopérative ouvrière qui permettait aux ouvriers d'acheter des produits de consommation moins chers. C'est aussi, en 1936, un lieu culturel très connu.
3. Nonchalant : lent et indifférent.
4. *La Samaritaine* : grand magasin parisien, fondé en 1870.

DOCUMENT B **Jean-Pierre Stora, « Allées piétonnières »**

Lavis encre de chine, 64 × 50, 1995.

Les réponses aux questions doivent être entièrement rédigées.

Sur le texte littéraire (document A)

▶ **1.** En vous appuyant sur le premier paragraphe, expliquez la formule du narrateur (l. 4) : « Je me sens tout dépaysé ». *(2 points)*

▶ **2. a)** Quel est ici le sens du mot « entassement » (l. 16) ? Trouvez un synonyme de ce nom dans les lignes qui précèdent. *(2 points)*
b) « Elle est… personnels. » (l. 14-15) : quel est le procédé d'écriture utilisé dans cette phrase ? *(1 point)*
c) En vous appuyant sur vos deux réponses précédentes, expliquez comment le narrateur perçoit la foule. *(1 point)*

▶ **3.** Lignes 30 à 38 :
a) Quelles remarques pouvez-vous faire sur la disposition et les procédés d'écriture dans ce passage ? Trois remarques au moins sont attendues. *(3 points)*
b) Quel est, selon vous, l'effet recherché par le narrateur dans ce passage ? Développez votre réponse. *(1 point)*

▶ **4.** Dans le dernier paragraphe, pourquoi le narrateur est-il déconcerté et effrayé (l. 42-43) ? Justifiez votre réponse en vous appuyant sur le texte. *(2 points)*

▶ **5.** Ce texte est extrait d'un livre intitulé *Les Vraies Richesses*. Quelles sont, selon vous, les « vraies richesses » auxquelles pense l'auteur ? Rédigez une réponse construite et argumentée. *(4 points)*

Sur le texte littéraire et l'image (documents A et B)

▶ **6.** Que ressentez-vous en regardant l'œuvre de Jean-Pierre Stora (document B) ? Expliquez votre réponse. *(2 points)*

▶ **7.** Cette œuvre (document B) peut-elle illustrer la manière dont le narrateur perçoit la foule dans le texte de Jean Giono (document A) ? Développez votre réponse. *(2 points)*

5. RÉÉCRITURE — 5 POINTS

« […] je connais un petit restaurant où je prends mon repas du soir. Je vais à pied. Je me sens tout dépaysé par la dureté du trottoir et le balancement des hanches qu'il faut avoir pour éviter ceux qui vous frôlent. » (l. 3-6)

Réécrivez ce passage en remplaçant « je » par « nous » et en mettant les verbes conjugués à l'imparfait.

2de partie • Rédaction et maîtrise de la langue (1 h 50)

6. DICTÉE   5 POINTS

Le nom de l'auteur et le titre de l'œuvre sont écrits au tableau au début de la dictée.

Jean Giono
Les Vraies Richesses, 1936

De temps en temps, je m'arrête, je tourne la tête et je regarde vers le bas de la rue où Paris s'entasse : des foyers éclatants et des taches de ténèbres piquetées de points d'or. Des flammes blanches ou rouges flambent d'en bas comme d'une vallée nocturne où s'est arrêtée la caravane des nomades. Et le bruit : bruit de fleuve ou de foule. Mais les flammes sont fausses et froides comme celles de l'enfer. En bas, dans un de ces parages sombres est ma rue du Dragon, mon hôtel du Dragon. Quel ordre sournois, le soir déjà lointain de ma première arrivée, m'a fait mystérieusement choisir cette rue, cet hôtel au nom dévorant et enflammé ? Il me serait facile, d'ici, d'imaginer le monstre aux écailles de feu.

7. TRAVAIL D'ÉCRITURE   20 POINTS

Vous traiterez au choix le sujet A ou B. Votre rédaction sera d'une longueur minimale d'une soixantaine de lignes (300 mots environ).

Sujet A

Pensez-vous comme Jean Giono que la ville soit un lieu hostile ? Vous proposerez une réflexion organisée et argumentée en vous appuyant sur vos lectures et vos connaissances personnelles.

Sujet B

Vous vous sentez vous aussi « dépaysé(e) » en arrivant dans une ville. Racontez cette expérience. Vous décrivez les lieux que vous découvrez, vous évoquez vos impressions et vos émotions.

Vous ne signerez pas votre texte de votre nom.

LES CLÉS DU SUJET

■ Analyser un document • Géographie

Comprendre le document
• Le document est un article extrait d'un dossier de la Documentation photographique, consacré à la géographie de la France, écrit par une des meilleures spécialistes du sujet, Magali Reghezza-Zitt.

• Le premier paragraphe présente le développement de l'urbanisation en France. Le deuxième paragraphe établit l'étalement urbain comme forme principale de l'urbanisation contemporaine. Le troisième montre comment l'étalement urbain crée un nouveau type d'espace, le périurbain.

Répondre aux questions
▶ **1.** Attention à bien te concentrer sur la population ou la croissance urbaine, et pas sur l'étalement urbain.
▶ **3.** Le mot-clé « conséquence » figure dans le troisième paragraphe.
▶ **4.** Il faut définir et expliquer ce qu'est un espace périurbain, en s'attachant à montrer aussi bien ses caractères ruraux que ses caractères urbains.
▶ **5.** Prends le temps de faire un schéma propre. Pense à intégrer les axes de transports, essentiels pour comprendre le fonctionnement d'une aire urbaine. N'oublie pas la légende !

■ Maîtriser différents langages • Histoire
▶ **1.** Commence par rappeler en introduction le contexte de l'après Seconde Guerre mondiale pour les empires coloniaux.
• Dans un premier paragraphe, situe dans le temps et l'espace ton exemple, évoque les principaux événements, les moyens utilisés par les indépendantistes et les réponses données par la métropole.
• Dans un second paragraphe, explique comment se déroule l'accession à l'indépendance.
• Termine ton récit par une conclusion sur les conditions de la décolonisation en général.

■ Enseignement moral et civique

Comprendre le document
Le document est un article sur la « mobilisation des militaires auprès des populations » en France, publié en 2016 par la Fondation pour la recherche sur les administrations et les politiques publiques. Ce texte récent souligne un aspect du rôle intérieur des armées : le soutien aux populations nationales.

Répondre aux questions
▶ **1.** Il te suffit de reformuler – sans recopier, car on te demande d'expliquer, non de citer – le premier paragraphe.
▶ **2.** Plusieurs missions tant intérieures qu'extérieures sont en cours : tu peux citer celle de ton choix, mais essaie de développer ta réponse en quelques lignes, pour être sûr de gagner tous les points.
▶ **3.** Tu dois intégrer les valeurs de la République et de l'Union européenne : la lutte pour le maintien de la paix et de la liberté peut être un exemple.

France métropolitaine • Juin 2017   SUJET 1

■ Questions • Français

Le texte littéraire (document A)
Dans *Les Vraies Richesses*, Jean Giono dénonce la vanité de la vie citadine et chante la gloire de la campagne et d'une vie plus proche de la nature. L'extrait présenté ici se situe au début de l'ouvrage.

L'image (document B)
Jean-Pierre Stora s'est passionné pour les foules d'êtres anonymes qui déambulent dans des centres commerciaux ou des aéroports. Nombre de ses œuvres soulignent l'absurdité de certains comportements dans ces lieux.

■ Travail d'écriture (Sujet A)

Recherche d'idées
• Pour appuyer la thèse de Jean Giono, reprends des idées présentes dans le texte : l'anonymat de la foule, le rythme de vie trop rapide, la perte de sens et le dédain des vraies richesses.
• Pour terminer ton devoir, en guise d'ouverture, tu peux introduire la notion d'espace périurbain : désormais la différence entre ville et campagne n'est plus aussi nette qu'avant.

Conseils de rédaction
• Tu peux répondre positivement ou négativement à la question posée ; tu peux aussi choisir une réflexion opposant les deux thèses : la ville perçue comme un lieu hostile ; puis la ville considérée comme un lieu accueillant et agréable.
• Utilise des expressions comme *existence citadine* ou *mode de vie urbain* pour éviter de trop répéter le mot *ville*.

■ Travail d'écriture (Sujet B)

Recherche d'idées
• Tu peux choisir d'évoquer une grande ville réelle connue de tous, une ville réelle de taille plus modeste, ou encore une ville fictive.
• Le sentiment d'étrangeté ressenti en arrivant dans cette ville peut avoir plusieurs causes : une différence avec ta région d'origine, ou un décalage par rapport à tes attentes concernant cette ville.

Conseils de rédaction
• Rédige le texte à la première personne. Tu peux consacrer un premier paragraphe à la description de la ville, et un second à tes impressions ; ou bien mêler description et récit des émotions ressenties.
• Exprime la surprise (*stupéfait, ébahi, inattendu, ahuri…*), la fascination (*émerveillé, enthousiaste, ravi, enchanté…*) ou le rejet (*malaise, répugnance, déplaisant…*).

CORRIGÉ 1

1re partie • Analyse et compréhension de textes et documents, maîtrise des différents langages

1re période

1. ANALYSER UN DOCUMENT • GÉOGRAPHIE

▶ **1.** Deux informations montrent que la population habitant dans les villes augmente :

• « Le seuil des 50 % de population urbaine, atteint au niveau mondial en 2007, a été franchi en France dès 1931. »

• « Le rythme de la croissance urbaine est ainsi plus soutenu qu'au cours des décennies précédentes, proche de celui des années 1950 et 1960. »

▶ **2.** Une information montre que l'étalement urbain concerne l'ensemble du territoire national : « Les villes occupent aujourd'hui près de 22 % du territoire métropolitain. »

▶ **3.** Une conséquence de l'étalement urbain, c'est-à-dire de l'extension des surfaces urbanisées, est le développement de la périurbanisation. Les aires urbaines françaises sont à présent entourées d'une couronne périurbaine, dont les habitants travaillent souvent dans la ville-centre, mais résident au-delà de la banlieue, dans cet espace intermédiaire qu'est le périurbain.

▶ **4.** Le « périurbain » est en effet « un espace mélangeant ville et campagne ». Périurbain signifie « autour de la ville ». Le périurbain est un espace intermédiaire entre le pôle urbain (la ville et ses banlieues) et l'espace rural. Les habitants du périurbain sont des citadins qui vivent « à la campagne », ce qui leur permet de gagner en surface et en mode de vie, au

> **Gagne des points**
> Développe cette réponse tout en gardant à l'esprit le sujet : tu dois montrer que le périurbain est un mélange ville-campagne.

prix de déplacements incessants (explosion des mobilités). Mais les villages périurbains, jadis ruraux, sont dès lors devenus des espaces urbanisés, où les fonctions résidentielles et commerciales sont prédominantes et les fonctions agricoles marginales, voire absentes. L'espace rural périurbain, fantasmé par des citadins en mal de nature et de calme bucolique, devient un nouvel espace : ce n'est plus la ville et ce n'est plus vraiment la campagne.

▶ **5.** Schéma d'une aire urbaine.

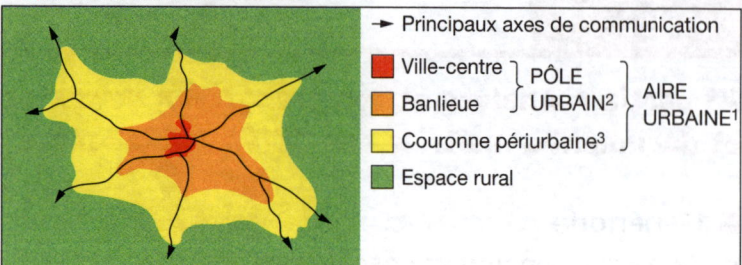

1. Aire urbaine : espace constitué d'un pôle urbain et d'une couronne périurbaine.
2. Pôle urbain : agglomération comptant 5 000 emplois ou plus.
3. Couronne périurbaine : ensemble des communes dont au moins 40 % des habitants actifs vont travailler dans l'aire urbaine.

2. MAÎTRISER DIFFÉRENTS LANGAGES • HISTOIRE

▶ **1.** Au lendemain de la Seconde Guerre mondiale, les empires coloniaux sont affaiblis. Les peuples veulent leur indépendance. Comment y parviennent-ils ?

• En 1954, les partisans de l'Algérie indépendante (le FLN) décident de passer à la lutte armée contre la métropole. Les indépendantistes tendent des embuscades, commettent des attentats (Toussaint rouge). La France envoie son armée ; elle traque les « rebelles » qui sont parfois torturés et exécutés. Les dirigeants cherchent des solutions. La division des Français sur le sujet provoque une crise politique en 1958.

Attention !
Le corrigé est établi sur un exemple. Il sert de modèle. Si tu as étudié un autre pays, l'organisation du développement peut rester la même.

• Le général de Gaulle propose ses services. Appelé à former un gouvernement, il change la Constitution. Avec des pouvoirs renforcés, il impose ses choix politiques aux Français et négocie discrètement avec les indépendantistes. Le 18 mars 1962, les accords d'Évian donnent son indépendance à la République algérienne démocratique et populaire. Désormais, les Algériens se gouvernent selon le principe du droit des peuples à disposer d'eux-mêmes. Les Français d'Algérie et quelques harkis quittent le territoire dans la précipitation.

Info +
Les harkis sont des musulmans qui avaient choisi de combattre aux côtés des Français.

• L'exemple algérien montre que l'indépendance des colonies a été difficile à obtenir. Manifestations et violences ont fait de nombreuses victimes dans tous les camps.

Conseil
Même si l'exemple choisi est moins violent que le cas algérien, montre que les difficultés ont toujours provoqué des heurts.

France métropolitaine • Juin 2017 **CORRIGÉ** **1**

▶ **2. a)** et **b)**

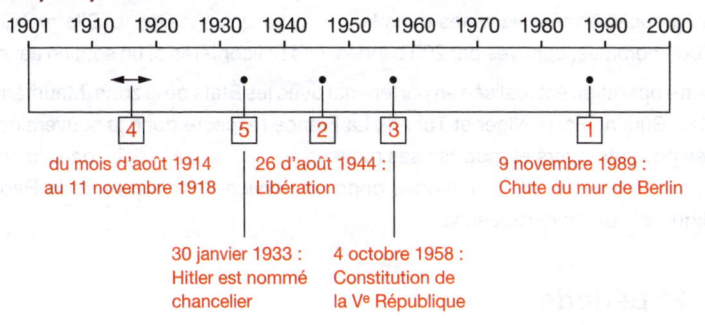

```
1901  1910  1920  1930  1940  1950  1960  1970  1980  1990  2000
              ↔        •      •      •                    •
              4        5      2      3                    1
```

- 4 : du mois d'août 1914 au 11 novembre 1918
- 5 : 26 d'août 1944 : Libération
- 2 : 30 janvier 1933 : Hitler est nommé chancelier
- 3 : 4 octobre 1958 : Constitution de la Vᵉ République
- 1 : 9 novembre 1989 : Chute du mur de Berlin

c) L'événement en lien avec la guerre froide est la chute du mur de Berlin. Ce mur fut érigé (1961) pour séparer les deux Allemagne et les deux blocs, celui de l'est (communiste) et celui de l'ouest (capitaliste). Sa chute symbolise la fin de la guerre froide.

3. ENSEIGNEMENT MORAL ET CIVIQUE

▶ **1.** La mission confiée aux forces de l'armée de terre est ici la lutte contre les intempéries sur le territoire national. Les pluies torrentielles de 2016 dans le nord-ouest de la France ont parfois bloqué les axes de transport. À la demande du préfet du Loiret, des camions de l'armée ont été déployés pour évacuer des personnes bloquées par les intempéries. Il s'agit donc d'une mission de protection des populations.

> **Conseil**
> Donne l'idée générale, puis développe-la en donnant quelques précisions tirées du texte. Rédige une phrase de conclusion qualifiant la mission.

▶ **2.** Une autre mission bien connue des forces armées françaises est l'opération Sentinelle, qui assure la protection des populations françaises sur le territoire national contre une éventuelle attaque terroriste.

▶ **3.**

> **Gagne des points**
> Tu peux titrer et dater ton texte à la façon d'une note pour montrer que tu respectes la mise en situation du sujet.

Présentation de l'opération extérieure Barkhane
Sommet de l'Union européenne
19-20 octobre 2017

Les forces armées françaises ont été fréquemment engagées dans des OPEX (opérations extérieures) depuis 2010 : Côte d'Ivoire, Libye, Mali, Centrafrique, notamment. À ce jour, plus de 30 000 militaires français sont engagés sur le terrain, ce qui illustre la disponibilité opérationnelle des forces françaises.

L'opération Barkhane, lancée en 2014 et toujours en cours, vise à lutter contre les groupes armés islamistes dans la bande saharo-sahélienne. Elle mobilise 3 000 hommes, appuyés par 200 blindés, des hélicoptères et un soutien aérien.

Cette opération est réalisée en partenariat avec les États de la zone (Mauritanie, Mali, Burkina Faso, Niger et Tchad). La France respecte donc la souveraineté des pays étrangers et mobilise ses moyens au service de la paix, dans la lutte contre le terrorisme international, donc au service des valeurs de la République et l'Union européenne.

■ 2e période

4. QUESTIONS • FRANÇAIS

▶ **1.** À Paris, le narrateur, qui habituellement vit à la campagne, se sent hors de son habitat naturel : il a du mal à s'adapter aux trottoirs, à la foule, aux habitudes urbaines.

▶ **2. a)** Le mot *entassement* désigne un amas d'éléments rassemblés en tas ou en pile. Dans le texte, le synonyme *conglomérat* est employé.

b) Le procédé employé est une énumération.

c) La foule est vue comme un rapprochement d'éléments disparates, étrangers les uns aux autres, une somme d'individus très différents. Cette foule est perçue négativement, comme hostile : « Mais ce qui vient d'elle à moi n'est pas sympathique. »

▶ **3. a)** Ces lignes sont construites selon un même modèle : une succession de phrases interrogatives, où l'on relève à chaque fois une anaphore (« qui saurait ») et un parallélisme de construction (qui + verbe au conditionnel + verbe à l'infinitif + COD). Chaque interrogation est précédée d'un alinéa : la mise en page crée ainsi une rupture avec le reste du texte.

b) Ces questions sont des interrogations oratoires : la réponse évidente qu'elles supposent, « personne », souligne l'incapacité des hommes modernes à accomplir les tâches essentielles qui ont permis la survie de l'espèce humaine à travers les siècles (s'orienter, faire du feu, se nourrir…). Le mode

> **Zoom**
> Les interrogations oratoires (ou rhétoriques) sont des questions qui n'attendent pas de réponse, car celle-ci est évidente.

de vie urbain est donc complètement dissocié de la nature. L'accumulation de questions, comme une démonstration implacable, aboutit à la conclusion finale : personne ne saurait plus vivre.

France métropolitaine • Juin 2017   CORRIGÉ   1

▶ **4.** Le narrateur est déconcerté de voir à quel point les talents de l'homme moderne sont vains ; il constate que les gens se contentent d'exécuter des gestes futiles, comme « arrêter un taxi » ou « commander un garçon de café », et il est effrayé de voir qu'ils se sentent à l'aise dans ce monde qui n'a pas grand sens, alors même qu'ils ne connaissent plus les gestes essentiels à la survie.

▶ **5.** Les « vraies richesses » dont parle Giono n'ont rien à voir avec ce que savent faire les citadins. L'expression désigne les savoir-faire utiles et concrets dont l'homme a besoin quand il vit en harmonie avec la nature (*faire du feu, tisser l'étoffe, vivre*), mais aussi les rencontres individuelles, à l'écart de la foule (« le premier geste qu'on aurait si on rencontrait un ami serait de le tirer de là jusqu'à la rive, [...] pour avoir enfin la joie de véritablement le rencontrer »).

▶ **6.** L'œuvre présente une série d'allées séparées dans lesquelles des gens se pressent et avancent : tous sont en mouvement, personne ne s'arrête, chacun marche seul.
Les silhouettes humaines, isolées mais toutes identiques, sont semblables à des robots qui défilent sans fin, sans que l'on ne connaisse ni l'origine ni le but du déplacement.
Le comportement humain apparaît donc sous un jour très négatif : tristesse et pessimisme l'emportent lorsqu'on regarde cette image.

▶ **7.** Les points communs sont nombreux entre les deux documents. On ne peut identifier sur le lavis les individus dans la foule : tous se ressemblent, sans distinction d'âge ou de sexe, ce qu'accentue l'usage du noir et blanc. Ils sont obligés d'avancer, au sein d'une foule indifférente. De même Jean Giono parlait d'un « entassement », d'« une anonyme création ». De plus, cette vision de la foule est triste, angoissante, ou ainsi que le disait Giono, « pas sympathique ». Cette œuvre peut donc illustrer le texte.

5. RÉÉCRITURE

Les modifications sont mises en couleur.

Nous connaissions un petit restaurant où nous prenions notre repas du soir. Nous allions à pied. Nous nous sentions tout dépaysés par la dureté du trottoir et le balancement des hanches qu'il fallait avoir pour éviter ceux qui vous frôlaient.

> **Attention !**
> Le mot « tout » ne s'accorde pas, car c'est ici un adverbe : il peut être remplacé par « très » ou « absolument ».

France métropolitaine • Juin 2017 **CORRIGÉ 1**

2ᵈᵉ partie • Rédaction et maîtrise de la langue
6. DICTÉE

> **POINT MÉTHODE**
>
> ❶ Deux phrases présentent des sujets inversés ; identifie-les avec précision pour accorder correctement les verbes : […] *où s'est arrêtée la caravane des nomades* ; […] *est ma rue du Dragon*.
>
> ❷ Attention aux homophones *ou* (= ou bien) et *où*, présents à quatre reprises dans le texte.
>
> ❸ Veille à l'accord des adjectifs au pluriel : *éclatants, piquetées, sombres…* Attention au nom *ténèbres* qui est féminin pluriel.

De temps en temps, je m'arrête, je tourne la tête et je regarde vers le bas de la rue où Paris s'entasse : des foyers éclatants et des taches de ténèbres piquetées de points d'or. Des flammes blanches ou rouges flambent d'en bas comme d'une vallée nocturne où s'est arrêtée la caravane des nomades. Et le bruit : bruit de fleuve ou de foule. Mais les flammes sont fausses et froides comme celles de l'enfer. En bas, dans un de ces parages sombres est ma rue du Dragon, mon hôtel du Dragon. Quel ordre sournois, le soir déjà lointain de ma première arrivée, m'a fait mystérieusement choisir cette rue, cet hôtel au nom dévorant et enflammé ? Il me serait facile, d'ici, d'imaginer le monstre aux écailles de feu.

7. TRAVAIL D'ÉCRITURE

Voici un exemple de rédaction sur chacun des deux sujets. Attention les indications entre crochets ne doivent pas figurer sur ta copie.

Sujet A

[Introduction] Dans son ouvrage *Les Vraies Richesses*, Jean Giono présente la ville comme un lieu hostile qui ne permet pas les rencontres individuelles. La ville est-elle réellement un lieu désagréable et nuisible ? Nous nous demanderons d'abord pour quelles raisons la ville est un environnement parfois néfaste pour l'homme ; nous verrons ensuite que la ville peut aussi être synonyme d'épanouissement personnel.

[Un lieu hostile] La vie urbaine n'est pas toujours agréable, pour plusieurs raisons. Tout d'abord, les citadins vivent entassés : les logements en appartements offrent souvent peu d'espace et les déplacements se font dans la foule et la promiscuité. Dans cet environnement anonyme, personne ne se préoccupe de savoir qui nous sommes vraiment. Ensuite, comme Jean Giono le fait remarquer, la vie en ville éloigne l'homme de la nature et des connaissances indispensables

France métropolitaine • Juin 2017 **CORRIGÉ 1**

à sa survie : nul citadin ne sait plus aujourd'hui allumer un feu en pleine nature sans briquet ni allumettes.

[Un lieu d'épanouissement] Néanmoins, le mode de vie urbain a quelques conséquences positives. En effet, la ville favorise de multiples rencontres, ce qui n'est pas le cas de l'environnement rural. Nombre de jeunes gens sont ravis de s'installer en ville pour suivre leurs études : ils nouent de nouvelles relations, avec des gens ayant les mêmes centres d'intérêt. Par ailleurs, la vie citadine, en concentrant les activités humaines, offre un accès privilégié à la culture et aux savoirs : les formations et les expositions ne sont jamais aussi nombreuses qu'en ville.

[Conclusion] La ville est désagréable par certains aspects et éloigne l'homme de la nature, elle peut pour cela être considérée comme hostile. Mais elle permet également de multiplier les rencontres, ce qui en fait un lieu d'épanouissement. Aujourd'hui toutefois, la distinction entre ville et campagne n'est plus aussi marquée qu'auparavant : ainsi, les espaces périurbains présentent en même temps les caractéristiques de la ville et celles de la campagne.

Sujet B

[Circonstances] Un matin, lorsque j'étais enfant, ma mère m'annonça qu'à Pâques nous nous rendrions à Nice pour une réunion de famille chez le parrain de mon frère, dont je n'avais absolument aucun souvenir. Je n'étais pas ravie à l'idée de m'éloigner de mes amis durant les vacances. Je n'imaginais pas alors à quel point j'allais être dépaysée en arrivant là-bas.

[Découvertes et émotions] Lorsque le train s'arrêta en gare de Nice, je crus arriver dans un pays étranger. La chaleur, la lumière, la décontraction des passants me semblèrent d'emblée à mille lieues de ma Normandie natale. Chez moi, quand il ne pleut pas, le ciel est sou-

> **Conseil**
> Pense à solliciter tous les sens dans ta description : vue, ouïe, odorat…

vent couvert, l'herbe est verte et l'humidité omniprésente. Mais là, je découvrais une autre France. C'était la ville certes, mais pas la ville grise : une ville orange, une ville lumineuse, une ville aérée. Que de couleurs ! Et les odeurs…

Notre chemin nous fit passer devant un grand parc, et la profusion de fleurs odorantes, dont je me souviens encore, me bouleversa : la nature, bien que cadenassée entre les grilles d'un parc, réussissait à imposer sa force et sa beauté. Je fus immédiatement séduite par cet environnement et n'eus qu'une envie : voir la mer qui bordait cette cité. Je dus attendre le lendemain pour l'apercevoir, mais je ne fus pas déçue : elle était grandiose et se faisait entendre avant même d'être vue.

[Bilan] Frappée d'une évidence, je compris à cet instant que mon univers ne se bornait pas à ce que je connaissais et que ce sentiment de dépaysement que je ressentais alors était d'une richesse infinie.

SUJET 2

Sujet zéro
Sujet complet • 100 points

Épreuve 2 : sujet zéro

1re partie • Analyse et interprétation de textes et documents, maîtrise des différents langages

■ 1re période (2 heures)

1. ANALYSER UN DOCUMENT • HISTOIRE   20 POINTS

> **DOCUMENT** **Programme du Conseil national de la Résistance, 15 mars 1944**
>
> *Le texte a été diffusé au printemps 1944 dans la clandestinité, par les journaux des mouvements de la Résistance.*
>
> Née de la volonté ardente des Français de refuser la défaite, la Résistance n'a pas d'autre raison d'être que la lutte quotidienne sans cesse intensifiée.
> Cette mission de combat ne doit pas prendre fin à la Libération.
> 5 [...]
> Aussi les représentants des organisations de Résistance, des centrales syndicales et des partis ou tendances politiques groupés au sein du CNR délibérant en assemblée plénière le 15 mars 1944, ont-ils décidé de s'unir sur le programme suivant, qui comporte à la fois un
> 10 plan d'action immédiate contre l'oppresseur et les mesures destinées à instaurer, dès la libération du territoire, un ordre social plus juste.
>
> I. Plan d'action immédiate
> Les représentants des organisations de Résistance des centrales syndicales et des partis ou tendances politiques groupés au sein du
> 15 CNR [...] <u>proclament leur volonté de délivrer la patrie en collaborant étroitement aux opérations militaires que l'armée française et les armées alliées entreprendront sur le continent, mais aussi de hâter cette libération</u>, d'abréger les souffrances de notre peuple, de

sauver l'avenir de la France en intensifiant sans cesse et par tous les moyens la lutte contre l'envahisseur et ses agents, commencée dès 1940. […]

II. Mesures à appliquer dès la libération du territoire
[…]
4) Afin d'assurer :
– l'établissement de la démocratie la plus large en rendant la parole au peuple français par le rétablissement du suffrage universel ;
– la pleine liberté de pensée, de conscience et d'expression ;
– la liberté de la presse, son honneur et son indépendance à l'égard de l'État, des puissances d'argent et des influences étrangères ;
– la liberté d'association, de réunion et de manifestation […] ;
– l'égalité absolue de tous les citoyens devant la loi ;
5) Afin de promouvoir les réformes indispensables : […]
Sur le plan social :
– le droit au travail et le droit au repos, notamment par le rétablissement et l'amélioration du régime contractuel du travail ; […]
– un plan complet de Sécurité sociale, visant à assurer à tous les citoyens des moyens d'existence, dans tous les cas où ils sont incapables de se les procurer par le travail ; […]
– une retraite permettant aux vieux travailleurs de finir dignement leurs jours ; […]
En avant donc, dans l'union de tous les Français rassemblés autour du CFLN[1] et de son président, le général de Gaulle ! En avant pour le combat, en avant pour la victoire, afin que vive la France !

---

1. Comité français de libération nationale, remplacé le 3 juin 1944 par le Gouvernement provisoire de la République française.

▶ **1.** Identifiez les auteurs du texte.

▶ **2.** Pourquoi le programme d'action du Comité national de la Résistance daté du 15 mars 1944 a-t-il été adopté dans la clandestinité ? Expliquez la phrase soulignée en quelques lignes en faisant appel à vos connaissances.

▶ **3.** Comment expliquer que le général de Gaulle soit mentionné dans le dernier paragraphe ?

▶ **4.** Relevez et classez les réformes prévues par le CNR dans le tableau suivant.

Les projets de réformes du CNR après la libération du territoire	
Sur le plan des droits et des libertés	Sur le plan social

▶ **5.** À partir de deux exemples précis, relevés dans le texte, montrez que le programme du CNR a été appliqué à partir de 1944.

2. MAÎTRISER DIFFÉRENTS LANGAGES • GÉOGRAPHIE   20 POINTS

▶ **1.** Sous la forme d'un développement construit d'une vingtaine de lignes et en vous appuyant sur un ou des exemples d'aires urbaines étudiés en classe, décrivez les espaces et les dynamiques des villes françaises.

▶ **2.** Localisez et nommez sur le fond de carte ci-dessous Paris et quatre aires urbaines de votre choix.

Les principales aires urbaines de la France métropolitaine

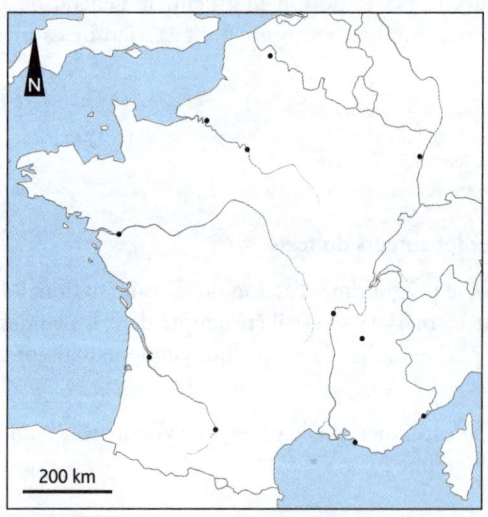

3. ENSEIGNEMENT MORAL ET CIVIQUE — 10 POINTS

DOCUMENT 1 — Affiche 2015 de la commune de Floirac (Gironde)

LA LAÏCITE ET LE VIVRE ENSEMBLE

Liberté Égalité Fraternité

Animé par Ahmed ASFOR, Militant Associatif

Intervenant Ahmed SERRAJ, Directeur Boulevard des potes

DEBAT

LE MERCREDI 20 MAI A 19H

M270

11 AVENUE PIERRE CURIE — 33270 FLOIRAC

ADEC — Floirac

© Boulevard des potes

« Boulevard des potes » : association de lutte contre les discriminations et d'éducation populaire.

Source : www.ville-floirac33.fr

DOCUMENT 2 — **Extraits de la Charte de laïcité à l'école (2013)**

Article 3 – <u>La laïcité garantit la liberté de conscience</u> à tous. Chacun est libre de croire ou de ne pas croire […].

Article 4 – La laïcité permet l'exercice de la citoyenneté, en conciliant la liberté de chacun avec l'égalité et la fraternité de tous dans le souci de l'intérêt général. […]

Article 8 – <u>La laïcité permet l'exercice de la liberté d'expression des élèves</u> dans la limite du bon fonctionnement de l'École comme du respect des valeurs républicaines et du pluralisme des convictions.

Article 9 – La laïcité implique le rejet de toutes les violences et de toutes les discriminations, garantit l'égalité entre les filles et les garçons et repose sur une culture du respect et de la compréhension de l'autre. […]

Article 13 – Nul ne peut se prévaloir de son appartenance religieuse pour refuser de se conformer aux règles applicables dans l'École de la République.

▶ **1.** Citez trois valeurs et deux symboles de la République française présents dans les documents.

▶ **2.** Expliquez les phrases soulignées dans le document 2 pour montrer que la laïcité garantit les libertés à l'école.

▶ **3.** Vous êtes chargé de présenter la laïcité à l'école à un correspondant étranger en visite dans votre établissement, en vous aidant des documents et de vos connaissances. En quelques lignes, comment lui expliquez-vous que la laïcité favorise le « vivre ensemble » à l'école ?

2ᵉ période (1 heure)

4. QUESTIONS • FRANÇAIS   **20 POINTS**

DOCUMENT A   **Texte littéraire**

John Johnson, dit le Boa, a été élu maire de Coca, ville imaginaire des États-Unis. Il a de grands projets pour sa ville. Quelques semaines après son élection, il fait un séjour à Dubaï. C'est son premier voyage hors du continent américain.

Ce qu'il voit entre l'aéroport et la ville provoque chez lui une sensation ambivalente d'euphorie[1] et d'écrasement.

Les grues d'abord lui éberluent[2] la tête : agglutinées par centaines, elles surpeuplent le ciel, leurs bras comme des sabres laser
5 plus fluorescents que ceux des guerriers du Jedi, leur halo blafard auréolant la ville chantier d'une coupole de nuit blanche. Le Boa se tord le cou à les compter toutes, et l'homme en *dishdash*[3] blanche qui le coudoie sur la banquette, le voyant faire, lui signale qu'un tiers des grues existant à la surface du globe est réquisitionné en
10 ces lieux : une sur trois répète-t-il, une sur trois est ici, chez nous. Sa toute petite bouche soulignée d'un trait de moustache articule très doucement nous construisons la cité du futur, une entreprise pharaonique. Le Boa ne dit plus rien. Il salive, émerveillé. La prolifération des tours le sidère, si nombreuses qu'on les croit multipliées
15 par un œil malade, si hautes qu'on se frotte les paupières, craignant d'halluciner, leurs fenêtres blanches comme des milliers de petits parallélogrammes aveuglants, comme des milliers de pastilles de Vichy effervescentes dans la nuit délavée ; ici on travaille vingt-quatre heures sur vingt-quatre, les ouvriers sont logés à l'extérieur de
20 la ville, les rotations se font par navette – l'homme susurre chaque information, escortant l'étonnement de Boa avec délicatesse. Plus loin, il pointe d'un index cireux un édifice en construction, déjà haut d'une centaine d'étages, et précise : celle-ci sera haute de sept cents mètres. Le Boa hoche la tête, s'enquiert soudain des hauteurs
25 de l'Empire State Building de New York, ou du Hancok Center de Chicago, questionne sur les tours de Shanghai, de Cape Town, de Moscou, il est euphorique et médusé[4]. À Dubaï donc, le ciel est solide, massif : de la terre à bâtir. Le trajet est long dans la longue voiture, la mer tarde à venir, le Boa l'attend plate, inaffectée, lourde
30 nappe noire comme le pétrole dont le pourtour s'effacerait dans la

nuit, et il sursaute à la découvrir construite elle aussi, rendue solide, croûteuse, et apte à faire socle pour un archipel artificiel qui reproduirait un planisphère – la Grande-Bretagne y est à vendre trois millions de dollars – ou un complexe d'habitations de luxe en forme
35 de palmier : elle aussi, donc, de la terre à bâtir.

Le Boa arrive à l'hôtel bouleversé, les joues rouges et les yeux exorbités, il peine à s'endormir, la nuit est trop claire, comme filtrée par une gaze[5] chaude, lui-même trop excité – le Burj Al-Arab est l'hôtel le plus haut du monde, une immense voile de verre et de
40 Teflon gonflée face au golfe Persique qui est absolument noir à cette heure, et clos comme un coffre [...]. Au réveil, le Boa est convaincu d'avoir trouvé l'inspiration qui manquait à son mandat. C'est un espace maîtrisé qui s'offre à ses yeux, un espace, pense-t-il, où la maîtrise se combine à l'audace, et là est la marque de la puissance.

Maylis de Kerangal, *Naissance d'un pont*, 2010, © Éditions Gallimard.

---

1. Euphorie : sensation intense de bien-être, de joie, d'optimisme.
2. Éberluer : étonner vivement, stupéfier.
3. *Dishdash* : longue robe blanche, vêtement traditionnel.
4. Médusé : qui manifeste un grand étonnement, de la stupeur.
5. Gaze : tissu léger, utilisé en couture ou pour faire des compresses et des pansements.

DOCUMENT B — **Travailleurs sur un site de construction à Dubaï**

Les réponses aux questions doivent être entièrement rédigées.

Sur le texte littéraire (document A)

▶ **1.** Quelles sont les caractéristiques principales de la ville décrite dans le texte ? *(2 points)*

▶ **2.** Étudiez précisément la progression des émotions et sensations ressenties par le personnage principal au fil de l'extrait. *(3 points)*

▶ **3.** À quel temps les verbes sont-ils majoritairement conjugués dans le texte ? Comment comprenez-vous ce choix de l'auteure ? *(2 points)*

▶ **4.** « Sa toute petite bouche soulignée d'un trait de moustache articule très doucement nous construisons la cité du futur, une entreprise pharaonique » (l. 11-13) : comment, dans cette phrase, les propos tenus par le personnage sont-ils rapportés ? Est-ce une manière de faire habituelle ? À votre avis, pourquoi l'auteure procède-t-elle ainsi ? *(2,5 points)*

▶ **5.** « une entreprise pharaonique. » *(1,5 point)*
a) Comment le mot souligné est-il construit ?
b) Que signifie-t-il généralement ?
c) Le contexte lui donne-t-il une valeur particulière ?

▶ **6.** « […] un espace, pense-t-il, où la maîtrise se combine à l'audace, et là est la marque de la puissance. » (l. 43-44)
a) Expliquez le sens de cette phrase en vous aidant de ce qui la précède. *(2 points)*
b) À votre avis, l'auteure partage-t-elle ici la pensée du personnage ? *(1 point)*

▶ **7.** Proposez un titre pour ce texte, puis expliquez vos intentions et ce qui justifie votre proposition. *(2 points)*

Sur le texte et l'image (documents A et B)

▶ **8.** Quels sont les éléments qui rapprochent l'image et le texte ? *(2 points)*

▶ **9.** Quelles impressions suscite en vous cette photographie ? Sont-elles comparables à celles produites par le texte ? Pourquoi ? *(2 points)*

2ᵉ partie • Français, rédaction et maîtrise de la langue (2 heures)

5. DICTÉE .... **5 POINTS**

Le titre et la source de l'extrait sont écrits au tableau au début de la dictée.

Au-delà

Les Parisiens n'ont jamais de leur ville le plaisir qu'en prennent les provinciaux. D'abord, pour eux, Paris se limite à la taille de leurs habitudes et de leurs curiosités. Un Parisien réduit sa ville à quelques quartiers, il ignore tout ce qui est au-delà qui cesse d'être Paris pour lui. Puis il n'y a pas ce sentiment presque continu de se perdre qui est un grand charme. Cette sécurité de ne connaître personne, de ne pouvoir être rencontré par hasard. Il lui arrive d'avoir cette sensation bizarre au contraire dans de toutes petites villes où il est de passage, et le seul à ne pas connaître tous les autres.

Louis Aragon, *Aurélien*, 1944, © Éditions Gallimard.

6. RÉÉCRITURE .... **5 POINTS**

« Le Boa arrive à l'hôtel bouleversé, les joues rouges et les yeux exorbités, il peine à s'endormir, la nuit est trop claire, comme filtrée par une gaze chaude, lui-même trop excité […] » (l. 36-38).
Réécrivez cette phrase en remplaçant « Le Boa » par « Ils » et en procédant à toutes les transformations nécessaires.

7. TRAVAIL D'ÉCRITURE .... **20 POINTS**

Vous traiterez au choix le sujet A ou B. Votre rédaction sera d'une longueur minimale d'une soixantaine de lignes (300 mots environ).

Sujet A

Selon vous, la vie au sein d'une ville moderne est-elle source de bonheur et d'épanouissement ?
Vous répondrez à cette question dans un développement argumenté en vous appuyant sur votre expérience, sur vos lectures, votre culture personnelle et les connaissances acquises dans l'ensemble des disciplines.

Sujet B

Vous êtes architecte et vous proposez au pays imaginaire d'Utopia la fondation d'une ville idéale. Écrivez la lettre que vous adressez aux dirigeants d'Utopia pour expliquer votre vision de la ville, justifier vos choix et les inviter à retenir votre projet.

Sujet zéro **SUJET 2**

LES CLÉS DU SUJET

■ Analyser un document • Histoire

Comprendre le document
Ce document est un programme qui fixe à la fois l'action immédiate et la reconstruction politique et sociale qui devra suivre la fin de la guerre. Il a été adopté à l'unanimité par les membres du CNR le 15 mars 1944. Tu dois donc mobiliser tes connaissances sur deux thèmes du programme : la France défaite et occupée durant la Seconde Guerre mondiale, et la refondation républicaine entre 1944 et 1947.

Répondre aux questions
▶ **1.** Rappelle ce qu'est le CNR et dans quel but il a été mis en place.
▶ **2.** Repère la date précise (jour, mois) du document. Quelle est la situation à ce moment-là en France ? Quels événements sont encore à venir ?
▶ **5.** La réponse n'est pas dans le texte, elle fait appel à tes connaissances sur les grandes réformes adoptées en France dans l'immédiat après-guerre. Tes réponses à la question 4 devraient te mettre sur la piste.

■ Maîtriser les différents langages • Géographie

▶ **1.** Le développement construit est centré sur les aires urbaines. On te demande d'abord de décrire les espaces urbains. Tu profiteras de cette première partie pour présenter la composition d'une aire urbaine et définir correctement les différents termes clés (pôle urbain, couronne périurbaine). Tu consacreras ta seconde partie à la description des dynamiques urbaines, c'est-à-dire les évolutions des villes à différentes échelles. Ici, tu peux te contenter d'une dynamique à l'échelle urbaine (l'étalement) et à l'échelle nationale (la métropolisation).

■ Enseignement moral et civique

Comprendre les documents
• Le document 1 est une affiche invitant les citoyens à participer à un débat organisé par une association luttant contre les discriminations.
• Adoptée en 2013, la Charte de la laïcité (document 2) doit être affichée dans tous les établissements scolaires et figurer dans les carnets de correspondance des élèves. Elle explique ce qu'est la laïcité et la manière dont elle doit être appliquée à l'école.

Répondre aux questions
▶ **3.** Tu dois montrer ce que la laïcité apporte aux élèves (plus de libertés et plus d'égalité) en donnant des exemples concrets que tu peux puiser dans tes connaissances personnelles.

■ Questions • Français

Le texte littéraire (document A)
• Le roman *Naissance d'un pont* raconte le chantier de la construction d'un pont dans la ville imaginaire de Coca, aux États-Unis. Dans l'extrait présenté, le maire de Coca est impressionné par ce qu'il découvre dans la ville de Dubaï, aux Émirats arabes unis : les chantiers et les projets décrits semblent repousser les limites de la réalité, mais sont pourtant bien réels.

L'image (document B)
• La photographie, prise en légère plongée, montre des ouvriers travaillant à la construction des fondations d'une tour comme celles qu'on voit en arrière-plan. On fait ainsi facilement la différence entre les ouvriers, qui creusent la terre, et les tours, qui touchent le ciel.

■ Travail d'écriture (sujet A)

Recherche d'idées
Ton point de vue doit être nuancé. Tu peux d'abord souligner l'attrait de la ville moderne : elle offre des possibilités d'emploi variées ; les plaisirs et les distractions y sont plus nombreux. Comme arguments opposés, tu peux signaler que les grandes villes accroissent parfois le sentiment d'isolement, et que les nuisances y sont nombreuses.

Conseils de rédaction
Pense à utiliser des connecteurs logiques pour organiser ta réflexion : *tout d'abord, ensuite, par exemple, toutefois, c'est pourquoi, cependant…* Dans le développement, tu mentionneras en dernier les arguments qui te semblent les plus convaincants.

■ Travail d'écriture (sujet B)

Recherche d'idées
Fais la liste de ce qui te semble négatif dans les villes que tu connais : l'absence d'espaces verts, le bruit incessant, les embouteillages, le sentiment d'anonymat, etc. Ensuite, cherche des solutions pour que ces problèmes disparaissent : privilégier les transports en commun, préférer les maisons individuelles aux immeubles collectifs, créer un cadre de vie convivial, etc.

Conseils de rédaction
Tu dois écrire une lettre officielle, avec tous les impératifs que cela comporte : en-tête, objet, formule de politesse, etc. N'hésite pas à inventer des détails sur l'expéditeur que tu incarnes : *je suis un excellent architecte, j'ai dessiné les plans de l'écoquartier de…, je pense à ce projet depuis longtemps…* Enfin, n'oublie pas que ta description est au service d'une argumentation : tu dois convaincre les destinataires.

CORRIGÉ 2

1re partie • Analyse et interprétation de textes et documents, maîtrise des différents langages

■ 1re période

1. ANALYSER UN DOCUMENT • HISTOIRE

▶ **1.** Ce texte est extrait du programme du Conseil national de la Résistance (CNR). Mis en place grâce à l'action de Jean Moulin en mai 1943, le CNR réunit, sous l'autorité du général de Gaulle, les représentants des huit grands mouvements de la Résistance intérieure française, toutes tendances politiques confondues, ainsi que les leaders des deux grands syndicats d'avant-guerre (CGT et CFTC) et des six partis politiques de la IIIe République.

> **Gagne des points**
> N'hésite pas à citer quelques noms de mouvements de résistance, si tu en connais : Libération Nord, Franc-tireur, Défense de la France…

▶ **2.** À la date de parution du programme du CNR, le 15 mars 1944, la guerre n'est pas terminée et la France vit toujours sous occupation allemande. Les résistants agissent dans la clandestinité. Leur but premier est de libérer le territoire en appuyant la résistance extérieure, dont les instances ont quitté Londres pour Alger, et les Alliés qui progressent sur tous les fronts, dans l'attente d'un débarquement.

▶ **3.** La constitution du CNR avait pour but d'unir la Résistance française derrière le général de Gaulle, installé à Londres depuis le 17 juin 1940 et reconnu par les autorités britanniques.

> **Info +**
> La constitution du CNR a été lente et difficile, car de nombreux résistants ne souhaitaient pas s'engager derrière de Gaulle. Pourtant, c'est leur union qui a permis la rédaction d'un programme ambitieux de reconstruction politique et sociale.

▶ **4.**

Les projets de réformes du CNR après la libération du territoire	
Sur le plan des droits et des libertés	Sur le plan social
• Rétablissement du suffrage universel • Liberté de pensée, de conscience et d'expression	• Droit au travail et au repos • Établissement d'une Sécurité sociale
• Liberté de la presse • Liberté de réunion, d'association et de manifestation • Égalité devant la loi	• Retraite

▶ **5.** Une fois le territoire libéré et la légitimité républicaine rétablie, des élections municipales sont organisées les 26 avril et 13 mai 1945. Pour la première fois, les Françaises y participent. Ainsi, conformément au programme du CNR, le suffrage universel a été non seulement rétabli, mais aussi élargi aux femmes.

Une ordonnance du 4 octobre 1945 institue la Sécurité sociale. Dans l'esprit des rédacteurs du programme du CNR, elle vise à « assurer à tous les citoyens des moyens d'existence, dans tous les cas où ils sont incapables de se les procurer par le travail ».

2. MAÎTRISER DIFFÉRENTS LANGAGES • GÉOGRAPHIE

▶ **1.** Les villes françaises – en fait les aires urbaines – rassemblent aujourd'hui 85 % de la population totale. Une aire urbaine est constituée d'un pôle urbain et de sa couronne périurbaine, lesquels s'opposent à l'espace rural environnant. Le pôle urbain peut être divisé en deux espaces de morphologies différentes : la ville-centre, à l'habitat très dense, et les banlieues, moins denses et composées soit d'habitats collectifs, soit d'habitats individuels. Ce pôle urbain rassemble au moins 5 000 emplois. Autour de lui, la couronne périurbaine, qui peut être très étendue, compte des communes qui ne sont pas contiguës, mais dont au moins 40 % des actifs vont travailler dans l'aire urbaine.

Conseil
Tu peux illustrer ta réponse à l'aide d'un schéma simple, sur lequel tu porteras le nom de l'aire urbaine étudiée en classe.

Schéma d'une aire urbaine

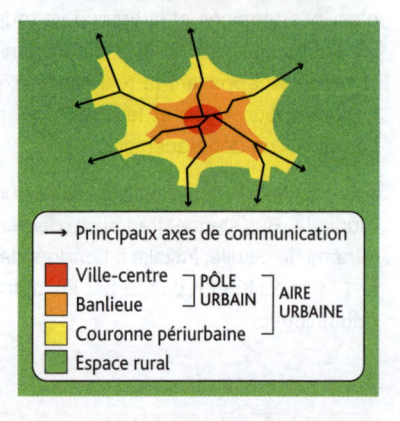

→ Principaux axes de communication
- Ville-centre ⎫ PÔLE ⎫
- Banlieue   ⎭ URBAIN ⎬ AIRE URBAINE
- Couronne périurbaine ⎭
- Espace rural

C'est la première dynamique manifeste des villes françaises : l'étalement des aires urbaines, qui entraîne une explosion des mobilités, notamment des migrations pendulaires domicile-travail. Une deuxième dynamique, à l'échelle nationale cette fois, est la métropolisation : plus une aire urbaine est élevée dans la hiérarchie urbaine nationale, plus elle tend à se renforcer, à concentrer les hommes et les activités. Paris, ville mondiale, profite le plus de cette dynamique, suivie par les autres grandes métropoles de rang national, voire européen : Lille, Lyon, Marseille, Toulouse notamment. À l'inverse, les villes petites et moyennes, surtout dans les régions les moins dynamiques, connaissent davantage de difficultés.

Sujet zéro **CORRIGÉ** **2**

▶ **2.**

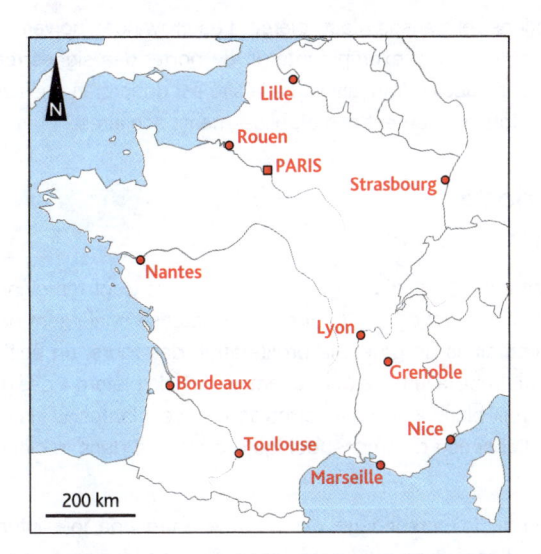

Sur la carte ci-dessus, toutes les aires urbaines repérées ont été nommées. Mais, le jour de l'examen, contente-toi de faire ce qui est demandé pour ne pas perdre de temps.

3. ENSEIGNEMENT MORAL ET CIVIQUE

▶ **1.** Les principales valeurs républicaines figurant dans les documents sont la liberté, l'égalité, la fraternité et la laïcité. Les symboles visibles sont la devise, Marianne et les couleurs du drapeau national.

▶ **2.** D'une part, « la laïcité garantit la liberté de conscience » : en effet, selon le principe de laïcité, chacun est libre de croire (ou de ne pas croire) en ce qu'il veut sans subir les pressions d'autres personnes qui chercheraient à imposer leurs croyances. D'autre part, « la laïcité permet l'exercice de la liberté d'expression des élèves », puisqu'il ne leur est pas interdit de parler des religions et des croyances, à partir du moment où les échanges se font dans le respect des convictions de chacun.

▶ **3.** Des élèves de religions différentes, athées ou sans religion, se côtoient dans les écoles où la laïcité leur permet de travailler sereinement et de mieux « vivre ensemble ». C'est une valeur qui garantit leurs libertés de conscience et d'expression et assure l'égalité entre eux : quelle que soit leur religion, les élèves sont tous traités de la même façon et aucune discrimination liée

> **Conseil**
> Commence par rédiger une phrase introductive reprenant les termes du sujet, ici l'expression « vivre ensemble ».

aux convictions religieuses n'est tolérée. Les croyances doivent donc rester personnelles ; il est par exemple interdit de porter des signes religieux trop visibles dans les écoles françaises. La laïcité est donc bien une valeur essentielle au bon fonctionnement des établissements scolaires.

■ 2ᵉ période

4. QUESTIONS • FRANÇAIS

▶ **1.** Il s'agit avant tout d'une ville en chantier, ce dont témoigne le champ lexical de la construction. Cette ville se caractérise également par le gigantisme (les centaines de grues, la prolifération des tours, un édifice haut de sept cents mètres), la lumière permanente (« le halo blafard » des grues, « une coupole de nuit blanche », les fenêtres sont « aveuglantes », « la nuit est trop claire »), et l'absence de limites, puisqu'elle s'étend dans le ciel comme sur la mer.

▶ **2.** Au début, le personnage est partagé entre une joie intense et une impression d'accablement (« une sensation ambivalente d'euphorie et d'écrasement »). On retrouve cette ambiguïté dans la suite du texte : la joie (« il salive », « émerveillé », « euphorique ») alterne avec la plus grande stupéfaction (« éberluent », « se tord le cou », « le sidère », « l'étonnement », « médusé »). Ce choc amène une révélation pour le personnage, convaincu d'avoir trouvé l'inspiration.

▶ **3.** Les verbes sont majoritairement conjugués au présent de l'indicatif. Il s'agit de rendre plus vivantes, plus proches du lecteur les actions racontées dans le récit. On parle alors de présent de narration.

▶ **4.** Les propos tenus dans cette phrase semblent rapportés au discours direct : le pronom employé (« nous ») le prouve. Mais, contrairement à l'usage, la ponctuation attendue n'est pas respectée : les deux-points et les guillemets sont omis. La limite entre narration et dialogue s'estompe. Le narrateur procède ainsi pour souligner la grande douceur avec laquelle les paroles sont prononcées, qui n'interrompent ni les pensées du personnage ni le fil de la lecture.

▶ **5. a)** Le mot est construit par dérivation : le radical *pharaon* est suivi du suffixe *–ique*.
b) « Pharaonique » est un adjectif qui signifie « gigantesque, démesuré ».

Sujet zéro CORRIGÉ 2

c) Par l'emploi de cet adjectif, l'auteur rapproche les constructions de la ville de Dubaï des pyramides monumentales construites par les pharaons.

> **Info +**
> La pyramide de Khéops fut ainsi pendant des millénaires le bâtiment le plus haut et le plus massif jamais construit, suscitant, comme les tours de Dubaï chez le Boa, l'étonnement et l'admiration.

▶ **6. a)** Le Boa est fasciné par ce qu'il vient de découvrir de la ville de Dubaï. C'est un lieu où la maîtrise (le savoir-faire technique) est accompagnée d'audace, c'est-à-dire d'idées nouvelles et courageuses. En effet, les limites traditionnelles à l'expansion de la ville disparaissent : le ciel et la mer sont devenus constructibles.

b) Il s'agit ici d'une pensée rapportée, comme le souligne l'incise « pense-t-il ». Cette précision semble indiquer que le narrateur ne partage pas les réflexions de son personnage.

▶ **7.** L'extrait pourrait s'intituler : « Une ville au-delà des limites ». Ce titre insiste sur la démesure de la ville visitée par le personnage, où des ouvriers travaillent sans relâche à l'édification de tours toujours plus hautes, où l'on bâtit dans le ciel et sur la mer.

> **Conseil**
> Beaucoup de réponses sont possibles, pour peu qu'elles soulignent un aspect important du texte : le gigantisme architectural, l'étonnement du personnage... Seule contrainte : le titre doit prendre la forme d'un groupe nominal.

▶ **8.** De nombreux éléments sont communs au texte et à l'image, qui s'attachent tous deux à montrer le quotidien de la ville de Dubaï : les gratte-ciels, les grues, la ville en chantier, les ouvriers travaillant à une nouvelle construction...

▶ **9.** La photographie ne transmet pas une impression de joie : les ouvriers sont dans un trou, surveillés par un contremaître. Les machines et les constructions occupent les deux tiers supérieurs de l'image. Les hommes sont au service d'un projet qui les dépasse, mais ils ne manifestent aucun entrain. Dans le texte, au contraire, le lecteur peut comprendre l'étonnement médusé du personnage. Les impressions sont différentes : le texte offre une vision d'ensemble du projet, quand l'image montre une réalité moins grandiose, celle du quotidien des travailleurs.

2e partie • Français, rédaction et maîtrise de la langue

5. DICTÉE

> **POINT MÉTHODE**
>
> ❶ Accorde bien les déterminants : *quelques quartiers*, *cette sécurité*, etc.
> ❷ Dans la première phrase, le sujet du verbe *prendre* est inversé. Repère-le pour choisir la bonne terminaison.
> ❸ Attention aux homophones ! Veille à distinguer *ce* (déterminant démonstratif, suivi d'un nom), *ce* (pronom démonstratif, que l'on peut remplacer par *cela*) et *se* (pronom réfléchi, qui n'est jamais le sujet d'un verbe). En outre, tu ne dois pas confondre *qu'en* (*que* + *en*) avec *quand* (qui signifie *lorsque*).

Les Parisiens n'ont jamais de leur ville le plaisir qu'en prennent les provinciaux. D'abord, pour eux, Paris se limite à la taille de leurs habitudes et de leurs curiosités. Un Parisien réduit sa ville à quelques quartiers, il ignore tout ce qui est au-delà qui cesse d'être Paris pour lui. Puis il n'y a pas ce sentiment presque continu de se perdre qui est un grand charme. Cette sécurité de ne connaître personne, de ne pouvoir être rencontré par hasard. Il lui arrive d'avoir cette sensation bizarre au contraire dans de toutes petites villes où il est de passage, et le seul à ne pas connaître tous les autres.

6. RÉÉCRITURE

Les termes modifiés sont en couleur.

« Ils arrivent à l'hôtel bouleversés, les joues rouges et les yeux exorbités, ils peinent à s'endormir, la nuit est trop claire, comme filtrée par une gaze chaude, eux-mêmes trop excités. »

7. TRAVAIL D'ÉCRITURE

Voici un exemple de rédaction sur chacun des deux sujets.
Attention les indications entre crochets ne doivent pas figurer sur ta copie.

Sujet A

[Introduction] Tout au long du XXe siècle, les campagnes ont été de plus en plus délaissées au profit des grandes villes : vivre en ville permettait d'améliorer sa situation économique et d'éviter la misère. Mais le bonheur et l'épanouissement individuel sont-ils aujourd'hui possibles dans ces cités modernes, où réside désormais la majorité de la population ?

[La ville moderne offre des avantages et des commodités...] Vivre dans une ville moderne peut procurer certains avantages : il est plus facile d'y trouver un emploi par exemple. La ville moderne offre aussi des facilités qui rendent le quotidien plus agréable : les distractions sont nombreuses, les transports bien développés, les commerces ouverts tous les jours. Et il est certain que l'épanouissement personnel passe aussi par ces commodités.

[... mais elle n'est pas pour autant source de bonheur] Cependant la vie au sein d'une grande ville présente aussi des inconvénients : les logements sont plus chers et plus petits ; on peut vite se sentir isolé dans un lieu où l'on ne connaît personne ; le bruit et la pollution sont inévitables. Ainsi, de ma chambre en ville, j'entends en permanence les bruits des travaux, du métro et des voitures, même la nuit.

> **Conseil**
> Démarre ta seconde partie par un connecteur logique d'opposition, pour montrer que tu vas maintenant mentionner les arguments « contre ».

[Conclusion] Si la vie au sein de la ville moderne présente des avantages certains, ces avantages ne sont pas forcément source d'épanouissement. Les progrès technologiques rendent de plus en plus ces avantages accessibles partout, même dans des campagnes isolées. Pour ma part, je considère donc que les inconvénients présentés par la vie dans une grande ville sont très nombreux et peuvent dans bien des cas être des obstacles au bonheur.

Sujet B

Frédéric Pirès
14, rue du Stand
75009 Paris

À l'attention des dirigeants d'Utopia

Paris, le 15 septembre 2016

Objet : projet pour la fondation d'une ville idéale

Madame, Monsieur,

[Introduction] Cela fait longtemps que j'admire le pays d'Utopia. Architecte de formation, je suis particulièrement sensible au défi que pose aujourd'hui l'édification d'une ville moderne. C'est pourquoi je voudrais vous soumettre mon projet pour la fondation d'une ville idéale, que votre pays pourrait accueillir.

> **Remarque**
> Le premier paragraphe rappelle la situation d'énonciation : qui est l'émetteur, à qui il s'adresse et dans quel but.

[Avantages du projet] La cité idéale doit essayer de préserver le contact de l'homme avec la nature, en réduisant au maximum les nuisances visuelles et les nuisances sonores liées au trafic permanent. J'ai donc songé à un projet fabuleux pour l'immense vallée qui se trouve au sud d'Utopia. Chaque habitant pourra disposer d'une maison individuelle et d'un jardin. Les équipements de loisirs, parcs, gymnases, plans d'eau, y seront nombreux, afin de favoriser les contacts entre les gens. Pour que le confort de vie soit total, les activités professionnelles seront interdites dans cette zone. C'est seulement dans le centre-ville que le travail sera autorisé, où de hauts édifices seront construits, de manière à concentrer toutes les activités. Il sera interdit aux habitants de se rendre à leur travail en voiture. Ils devront utiliser les transports en commun. Afin de ne pas défigurer l'espace, ces transports seront uniquement souterrains. La surface de la terre sera donc libérée de la pollution que produisent les véhicules motorisés.

[Conclusion] Si vous retenez mon projet, les habitants de cette ville pourront à juste titre se sentir les citoyens les plus privilégiés d'Utopia.

Dans l'attente de votre réponse, je vous prie d'agréer, Madame, Monsieur, mes sincères salutations.

Frédéric Pirès

Une liberté nouvelle

1re partie • Comprendre, analyser et interpréter – Réécriture (1 h 10)

DOCUMENT A — **Texte littéraire**

Simone de Beauvoir vient d'avoir vingt ans : en s'installant à Paris, dans une pension tenue par sa grand-mère, elle obtient enfin la liberté dont elle avait tant rêvé pendant ses années d'études… Elle raconte cette installation au deuxième tome de son œuvre autobiographique.

Ce qui me grisa lorsque je rentrai à Paris, en septembre 1929, ce fut d'abord ma liberté. J'y avais rêvé dès l'enfance, quand je jouais avec ma sœur à « la grande jeune fille ». Étudiante, j'ai dit avec quelle passion je l'appelai. Soudain, je l'avais ; à chacun de mes gestes, je m'émerveillais de ma légèreté. Le matin, dès que j'ouvrais les yeux, je m'ébrouais, je jubilais. Aux environs de mes douze ans, j'avais souffert de ne pas posséder à la maison un coin à moi. Lisant dans *Mon journal*[1] l'histoire d'une collégienne anglaise, j'avais contemplé avec nostalgie le chromo[2] qui représentait sa chambre : un pupitre, un divan, des rayons couverts de livres ; entre ces murs aux couleurs vives, elle travaillait, lisait, buvait du thé, sans témoin : comme je l'enviai ! J'avais entrevu pour la première fois une existence plus favorisée que la mienne. Voilà qu'enfin moi aussi j'étais chez moi ! Ma grand-mère avait débarrassé son salon de tous ses fauteuils, guéridons, bibelots. J'avais acheté des meubles en bois blanc que ma sœur m'avait aidée à badigeonner d'un vernis marron. J'avais une table, deux chaises, un grand coffre qui servait de siège et de fourretout, des rayons pour mettre mes livres, un divan assorti au papier orange dont j'avais fait tendre les murs. De mon balcon, au cinquième étage, je dominais les platanes de la rue Denfert-Rochereau

et le lion de Belfort. Je me chauffais avec un poêle à pétrole rouge et qui sentait très mauvais : il me semblait que cette odeur défendait ma solitude et je l'aimais. Quelle joie de pouvoir fermer ma porte et passer mes journées à l'abri de tous les regards ! Je suis très long-
25 temps restée indifférente au décor dans lequel je vivais ; à cause, peut-être, de l'image de *Mon journal* je préférais les chambres qui m'offraient un divan, des rayonnages ; mais je m'accommodais de n'importe quel réduit : il me suffisait encore de pouvoir fermer ma porte pour me sentir comblée. Je payais un loyer à ma grand-mère
30 et elle me traitait avec autant de discrétion que ses autres pensionnaires ; personne ne contrôlait mes allées et venues. Je pouvais rentrer à l'aube ou lire au lit toute la nuit, dormir en plein midi, rester claquemurée vingt-quatre heures de suite, descendre brusquement dans la rue. Je déjeunais d'un *bortsch* chez Dominique[3], je dînais à la
35 Coupole d'une tasse de chocolat. J'aimais le chocolat, le *bortsch*, les longues siestes et les nuits sans sommeil, mais j'aimais surtout mon caprice. Presque rien ne le contrariait. Je constatai joyeusement que le « sérieux de l'existence », dont les adultes m'avaient rebattu les oreilles, en vérité ne pesait pas lourd. Passer mes examens, ça n'avait
40 pas été de la plaisanterie ; j'avais durement peiné, j'avais eu peur d'échouer, je butais contre des obstacles et je me fatiguais. Maintenant, nulle part je ne rencontrais de résistances, je me sentais en vacances, et pour toujours.

Simone de Beauvoir, *La Force de l'Âge*, 1960,
© Éditions Gallimard, www.gallimard.fr.

---

1. *Mon journal* : mensuel de l'époque, pour filles et garçons de cinq à dix ans.
2. Chromo : illustration en couleur.
3. Dominique : restaurant russe qui servait entre autres choses le bortsch, un potage traditionnel de l'Est.

Se raconter, se représenter **SUJET 3**

SE RACONTER

DOCUMENT B   **Vittorio Matteo Corcos, *Rêves*, 1896**

QUESTIONS   **20 POINTS**

Les réponses aux questions doivent être entièrement rédigées.

Sur le texte littéraire (document A)

▶ **1.** Lignes 1 à 6 : relevez trois mots qui illustrent le sentiment dominant de ce passage. Quelle en est la cause ? *(2 points)*

▶ **2.** « J'aimais le chocolat, le *bortsch*, les longues siestes et les nuits sans sommeil, mais j'aimais surtout mon caprice. » (lignes 35 à 37)
Quels sont les goûts évoqués par la narratrice dans cette phrase ? Lequel est mis en avant et comment ? *(3 points)*

▶ **3.** « j'y avais rêvé dès l'enfance » (ligne 2)
Dans cette proposition, à quel temps le verbe est-il conjugué ? Expliquez son emploi. *(2 points)*

Se raconter, se représenter **SUJET 3**

▶ **4.** « j'avais durement peiné, j'avais eu peur d'échouer, je butais contre des obstacles et je me fatiguais. Maintenant, nulle part je ne rencontrais de résistances, je me sentais en vacances, et pour toujours. » (lignes 40 à 43)
a) Quel est le rapport logique entre ces deux phrases ?
b) Transformez ces deux phrases en une phrase complexe contenant une proposition subordonnée. *(2 points)*

▶ **5.** Que représente la nouvelle chambre dans la vie de la narratrice ? Vous développerez au moins deux idées. *(4 points)*

▶ **6.** Quelle est la place de la lecture dans la liberté nouvelle de la narratrice ? Justifiez en citant le texte. *(3 points)*

Sur le texte littéraire et l'image (documents A et B)
▶ **7.** Décrivez l'attitude de la jeune femme dans ce tableau. Quelle image particulière de la lectrice introduit-il ? Cette vision rejoint-elle celle que propose le texte ? *(4 points)*

RÉÉCRITURE 5 POINTS

« Je suis très longtemps restée indifférente au décor dans lequel je vivais ; à cause, peut-être, de l'image de *Mon journal* je préférais les chambres qui m'offraient un divan, des rayonnages ; mais je m'accommodais de n'importe quel réduit […] » (l. 24-28)
Réécrivez ce passage en remplaçant la 1re personne du singulier (« je ») par la 1re personne du pluriel (« nous ») désignant la narratrice et sa sœur. Vous ferez toutes les modifications nécessaires.

2de partie • Rédaction et maîtrise de la langue (1 h 50)

DICTÉE 5 POINTS

Le nom de l'auteur, le titre de l'œuvre, ainsi que le nom « Herbaud » sont écrits au tableau au début de la dictée.

Simone de Beauvoir
Mémoires d'une jeune fille rangée, 1958
© Éditions Gallimard, www.gallimard.fr

Voilà pourquoi en rencontrant Herbaud j'eus l'impression de me trouver moi-même : il m'indiquait mon avenir. Ce n'était ni un bien-pensant, ni un rat de bibliothèque, ni un pilier de bar ; il prouvait par

Se raconter, se représenter **SUJET 3**

son exemple qu'on peut se bâtir, en dehors des vieux cadres, une vie orgueilleuse, joyeuse et réfléchie : telle exactement que je la souhaitais. Cette fraîche amitié exaltait les gaietés du printemps. Un seul printemps dans l'année, me disais-je, et dans la vie une seule jeunesse : il ne faut rien laisser perdre des printemps de ma jeunesse.

TRAVAIL D'ÉCRITURE   **20 POINTS**

Vous traiterez au choix le sujet A ou B.

Sujet A

En quoi la lecture peut-elle être selon vous une source de liberté ?
Vous répondrez à cette question en envisageant notamment différentes pratiques ou différents supports de la lecture.
Votre rédaction sera d'une longueur minimale d'une soixantaine de lignes (300 mots environ).

Sujet B

La narratrice rencontre sa grand-mère dans la pension : cette dernière exprime ses sentiments face à la liberté et au bonheur de sa petite fille. Elle lui raconte ce qu'était sa vie au même âge.
Votre rédaction sera d'une longueur minimale d'une soixantaine de lignes (300 mots environ) et mêlera dialogue et narration.

LES CLÉS DU SUJET

■ Les documents

Le texte littéraire (document A)
Simone de Beauvoir, philosophe et romancière, fut une femme engagée, célèbre pour ses écrits féministes. Dans le deuxième tome de son autobiographie, *La Force de l'Âge*, elle commence par raconter les premiers temps de sa vie de femme active et indépendante, dans les années 1930, lorsqu'elle quitte le domicile familial.

L'image (document B)
Le tableau de Vittorio Matteo Corcos évoque, par son rendu, les photographies de l'époque. Il fit sensation la première fois qu'il fut exposé : la femme représentée semble revendiquer indépendance et liberté d'esprit.

Se raconter, se représenter **SUJET 3**

■ Travail d'écriture (Sujet A)

Recherche d'idées

Tu dois montrer que la lecture est une source de liberté. Pars de tes propres pratiques de lecteur. Que lis-tu : romans imposés par l'école, livres proches de tes intérêts personnels, documentaires ? Comment lis-tu : des heures d'affilée, quelques minutes par jour, sur des supports imprimés ou numériques ? Pourquoi lis-tu : pour te distraire, t'informer ? À partir de tes réponses à ces questions, réfléchis à ce que cette activité peut apporter.

Conseils de rédaction

Voici un déroulement possible pour ton devoir :
1. La lecture offre une évasion dans l'imaginaire.
2. La lecture représente une ouverture aux autres et au monde.
3. La lecture permet d'accéder au savoir.

■ Travail d'écriture (Sujet B)

Recherche d'idées

Commence ton devoir par un passage narratif pour évoquer la rencontre entre la narratrice et sa grand-mère. La jeunesse de la grand-mère se situe vraisemblablement dans la seconde moitié du XIXe siècle. Imagine ce qu'était la vie d'une jeune fille de bonne famille à cette époque : pouvait-elle vivre seule et exercer une activité professionnelle ?

Conseils de rédaction

• Comme le texte de départ, ton devoir sera rédigé à la 1re personne : c'est la narratrice qui s'exprimera dans tous les passages narratifs.

• Dans le dialogue, les interventions de la grand-mère seront les plus longues.

• Tu dois utiliser le vocabulaire des sentiments et des émotions, exprimant au choix : l'envie, la fierté, le regret ou la réprobation.

Se raconter, se représenter **CORRIGÉ 3**

CORRIGÉ 3

1re partie • Comprendre, analyser et interpréter – Réécriture

QUESTIONS

▶ **1.** La joie est le sentiment dominant. Plusieurs mots l'illustrent : « ce qui me grisa, je m'émerveillais, je jubilais, passion ». La liberté d'action nouvellement acquise par la narratrice en est à l'origine.

▶ **2.** La narratrice évoque d'abord son goût de la nourriture et du sommeil. Mais sa préférence va avant tout à son « caprice », c'est-à-dire la liberté de faire ce qu'elle veut. Le mot est mis en avant par l'adverbe d'insistance « surtout » et par la construction de la phrase : à l'énumération des goûts physiologiques succède une proposition indépendante coordonnée marquée par un lien logique d'opposition fort (« mais »).

▶ **3.** Le verbe est conjugué au plus-que-parfait. Ce temps est utilisé pour les actions antérieures (« dès l'enfance ») à celles exprimées au passé simple (« ce qui me grisa ») et à l'imparfait (« je m'émerveillais »).

▶ **4. a)** C'est une relation logique d'opposition qui unit ces deux phrases, entre un avant marqué par la difficulté (« j'avais durement peiné ») et un « maintenant » empreint de facilité (« je me sentais en vacances »).

b) J'avais durement peiné, j'avais eu peur d'échouer, je butais contre des obstacles et je me fatiguais, alors que maintenant, nulle part je ne rencontrais de résistances, je me sentais en vacances, et pour toujours.

> **Conseil**
> Tu peux trouver une autre locution conjonctive, comme *tandis que*. En revanche l'utilisation de *mais* est impossible : tu aurais une proposition indépendante coordonnée et non une subordonnée.

▶ **5.** La nouvelle chambre représente d'abord l'indépendance, pour celle qui a longtemps souffert « de ne pas posséder à la maison un coin à [elle] ». Elle peut ainsi s'isoler, et surtout ne rendre de compte à personne : « Quelle joie de pouvoir fermer ma porte et passer mes journées à l'abri de tous les regards ! » Cet isolement lui permet alors d'obéir à son « caprice », à ses envies.

Se raconter, se représenter CORRIGÉ 3

▶ **6.** La lecture occupe une place primordiale dans la vie de la narratrice. Elle lui permet d'entrevoir ce qu'elle désire dès l'âge de douze ans : une chambre avec « des rayons couverts de livres ». L'accession à l'indépendance est très importante, car elle lui permet d'assouvir ce plaisir intellectuel qu'est la lecture, sans règles ni témoins.

> **Info +**
> Virginia Woolf a écrit un livre, *Une chambre à soi*, pour dire qu'un espace à soi est essentiel pour une femme si elle veut acquérir autonomie et indépendance.

▶ **7.** La jeune femme du tableau est élégamment habillée. Sa robe, ses gants, son ombrelle laissent penser qu'elle appartient à une classe sociale aisée. Assise sur un banc, seule, des livres posés à côté d'elle, elle regarde d'un œil absent le spectateur, sans sourire. Cette représentation introduit une image particulière de la lecture : activité ouverte aux femmes, et activité intellectuelle qui se prolonge par des rêveries.

Le texte présente aussi la lecture comme une activité importante et intense. En revanche, la notion de plaisir extrême qui ressort du texte (« je jubilais ») n'est pas visible sur le tableau. On note enfin une différence dans l'espace dévolu à la lecture : lieu intime dans le texte (la chambre), lieu public (une rue, un jardin) dans le tableau.

RÉÉCRITURE

Les modifications sont mises en couleur.

Nous sommes très longtemps restées indifférentes au décor dans lequel nous vivions ; à cause, peut-être, de l'image de *Mon journal* nous préférions les chambres qui nous offraient un divan, des rayonnages ; mais nous nous accommodions de n'importe quel réduit.

2ᵈᵉ partie • Rédaction et maîtrise de la langue

DICTÉE

POINT MÉTHODE

❶ Dans ce texte, le temps dominant est l'imparfait que l'on trouve conjugué soit à la 1ʳᵉ personne, soit à la 3ᵉ personne. On trouve également un verbe au passé simple et deux verbes au présent.

❷ Attention à l'adjectif tel(s), telle(s) : il faut identifier le nom auquel il se rapporte pour choisir les marques d'accord correspondantes.

❸ Certains mots ont une orthographe difficile : *orgueilleuses*, *gaietés* (une autre orthographe existe : *gaîté*).

Se raconter, se représenter **CORRIGÉ** **3**

Voilà pourquoi en rencontrant Herbaud j'eus l'impression de me trouver moi-même : il m'indiquait mon avenir. Ce n'était ni un bien-pensant, ni un rat de bibliothèque, ni un pilier de bar ; il prouvait par son exemple qu'on peut se bâtir, en dehors des vieux cadres, une vie orgueilleuse, joyeuse et réfléchie : telle exactement que je la souhaitais.

Cette fraîche amitié exaltait les gaietés du printemps. Un seul printemps dans l'année, me disais-je, et dans la vie une seule jeunesse : il ne faut rien laisser perdre des printemps de ma jeunesse.

TRAVAIL D'ÉCRITURE

Voici un exemple de rédaction sur chacun des deux sujets.
Attention les indications entre crochets ne doivent pas figurer sur ta copie.

Sujet A

[Introduction] Pour Simone de Beauvoir, la lecture est synonyme de liberté. Certains pourront la considérer comme une activité contraignante. En quoi pourtant la lecture peut-elle être une source de liberté ? Nous verrons qu'elle offre une évasion dans l'imaginaire, qu'elle apporte une ouverture sur le monde, et qu'elle procure un accès au savoir.

> **Conseil**
> Annonce le plan de ton devoir à la fin de l'introduction ; puis commence chaque partie avec un connecteur logique permettant de se repérer dans ton devoir.

[Une évasion] Tout d'abord, la lecture peut offrir un moment d'évasion : lire des romans permet de s'extraire du quotidien. Dans son autobiographie, Nathalie Sarraute raconte ainsi à quel point la lecture de *Rocambole* la plongeait dans un autre univers. L'imagination étant sans limite, la lecture est bien synonyme de grande liberté.

[Une ouverture sur le monde] Ensuite, la lecture est une porte ouverte sur le monde. On peut lire des romans se déroulant à des périodes ou dans des régions de la planète dont on ignore tout. Pour un coût très modeste, la lecture nous fait voyager dans le temps et dans l'espace, et nous offre ainsi une forme de liberté.

[Un accès au savoir] Enfin, la lecture offre un accès au savoir, de surcroît facilité par les supports numériques. Ils sont connectés et permettent de lire n'importe où des textes extrêmement variés. Ainsi, après avoir entendu mon professeur parler d'un roman dont le thème m'intéressait, j'ai pu, en attendant le bus, lire une brève présentation de l'auteur sur mon smartphone. De lien en lien, j'ai découvert le travail d'un peintre qui m'a fortement impressionné. Quelle liberté que d'avoir accès aux connaissances du monde entier par la lecture !

[Conclusion] La lecture peut donc être considérée comme une source de liberté. Aujourd'hui, les supports numériques amplifient ce sentiment de liberté.

Se raconter, se représenter **CORRIGÉ** 3

Sujet B

[Mise en situation] Un après-midi, alors que je sortais de ma chambre après avoir passé vingt-quatre heures enfermée à lire, je croisai ma grand-mère. Je vis bien qu'elle s'inquiétait de me voir vivre au rythme d'horaires aussi fantasques.

« Ma petite Simone, est-ce que tout va bien ? J'ai l'impression parfois que tu te réfugies dans ta chambre et que tu ne veux pas en sortir.

– Ne vous inquiétez pas, je vous assure que je n'ai jamais été aussi heureuse. J'ai toujours rêvé d'avoir un espace à moi, dans lequel je peux, si je le désire, m'isoler et lire tant que je veux.

[Sentiments de la grand-mère face au bonheur de sa petite-fille] – Eh bien, soupira-t-elle, tu me rassures. Je suis contente de savoir que tu vis exactement comme tu le souhaites. Quel bonheur de pouvoir faire cela, à ton âge ! Avoir une liberté de mouvement, une indépendance financière et vivre comme tu l'entends. Comme je t'envie… »

> **Attention !**
> Tirets et guillemets ont des rôles précis : les guillemets sont employés au début et à la fin du dialogue, tandis que les tirets signalent un changement d'interlocuteur.

Ce qu'elle m'avouait ne m'étonna pas. J'étais tellement heureuse à cette époque qu'il me semblait naturel que tout le monde enviât mon bonheur.

[Vie de la grand-mère au même âge] « Je n'ai pas eu cette chance, reprit-elle, toute à ses souvenirs. Lorsque j'avais vingt ans, il me fallait passer mes journées dans le salon familial, à recevoir les visiteurs en compagnie de ma mère, en ayant toujours quelque travail de couture dans les mains. Mes parents priaient pour qu'un jeune homme convenable se présente enfin, et que mon avenir soit assuré. Le plaisir, il n'en était pas question. J'aurais aimé étudier, la médecine notamment ; mais pour mon père il était impensable que sa fille entreprenne des études. Et puis, où aurais-je étudié ? Je n'avais pas de chambre rien qu'à moi, où réfléchir et étudier… » Sa voix se mit à trembler, mais elle se reprit très vite.

« Je t'ai dit que je t'enviais, mais je suis heureuse de te savoir comblée, et fière, également : fière de te voir choisir la voie qui te convient, fière de ton indépendance et de ton intelligence. »

[Conclusion de l'épisode : retour à la narration] Ces mots me touchèrent et donnèrent par la suite un sens plus profond à mes actes. C'est aussi pour toutes ces femmes qui n'avaient pas pu choisir, qui n'avaient pas pu connaître ce bonheur qui était le mien, qu'il fallait que j'en profite.

SUJET 4

Polynésie française • Juin 2017
50 points

Une inégale répartition des tâches

1re partie • Comprendre, analyser et interpréter – Réécriture (1 h 10)

DOCUMENT A — **Texte littéraire**

Elle a trente ans, elle est professeur, mariée à un « cadre », mère de deux enfants. Elle habite un appartement agréable. Pourtant, c'est une femme gelée. C'est-à-dire que, comme des milliers d'autres femmes, elle a senti l'élan, la curiosité, toute une force heureuse présente en elle se figer au fil des jours entre les courses, le dîner à préparer, le bain des enfants, son travail d'enseignante. Tout ce que l'on dit être la condition « normale » d'une femme.

Un mois, trois mois que nous sommes mariés, nous retournons à la fac, je donne des cours de latin. Le soir descend plus tôt, on travaille ensemble dans la grande salle. Comme nous sommes sérieux et fragiles, l'image attendrissante du jeune couple moderno-intellectuel.
5 Qui pourrait encore m'attendrir si je me laissais faire, si je ne voulais pas chercher comment on s'enlise, doucettement. En y consentant lâchement. D'accord je travaille La Bruyère ou Verlaine dans la même pièce que lui, à deux mètres l'un de l'autre. La cocotte-minute, cadeau de mariage si utile vous verrez, chantonne sur le gaz. Unis,
10 pareils. Sonnerie stridente du compte-minutes, autre cadeau. Finie la ressemblance. L'un des deux se lève, arrête la flamme sous la cocotte, attend que la toupie folle ralentisse, ouvre la cocotte, passe le potage et revient à ses bouquins en se demandant où il en était resté. Moi. Elle avait démarré, la différence. Par la dînette. Le restau universitaire
15 fermait l'été. Midi et soir je suis seule devant les casseroles. Je ne savais pas plus que lui préparer un repas, juste les escalopes panées, la mousse au chocolat, de l'extra, pas du courant. Aucun passé d'aide-culinaire dans les jupes de maman ni l'un ni l'autre. Pourquoi de nous deux suis-je la seule à me plonger dans un livre de cuisine, à éplucher
20 des carottes, laver la vaisselle en récompense du dîner, pendant qu'il bossera son droit constitutionnel. Au nom de quelle supériorité. Je

revoyais mon père dans la cuisine. Il se marre, « non mais tu m'imagines avec un tablier peut-être ! Le genre de ton père, pas le mien ! ». Je suis humiliée. Mes parents, l'aberration, le couple bouffon. Non
25 je n'en ai pas vu beaucoup d'hommes peler des patates. Mon modèle à moi n'est pas le bon, il me le fait sentir. Le sien commence à monter à l'horizon, monsieur père laisse son épouse s'occuper de tout dans la maison, lui si disert, cultivé, en train de balayer, ça serait cocasse, délirant, un point c'est tout. À toi d'apprendre ma vieille.
30 Des moments d'angoisse et de découragement devant le buffet jaune canari du meublé, des œufs, des pâtes, des endives, toute la bouffe est là, qu'il faut manipuler, cuire. Fini la nourriture-décor de mon enfance, les boîtes de conserve en quinconce, les bocaux multicolores, la nourriture surprise des petits restaurants chinois bon marché
35 du temps d'avant. Maintenant, c'est la nourriture corvée.

Annie Ernaux, *La femme gelée*, 1981,
© Éditions Gallimard, www.gallimard.fr.

DOCUMENT B — **Publicité Moulinex, 1959**

Se raconter, se représenter **SUJET 4**

QUESTIONS   **20 POINTS**

Les réponses doivent être entièrement rédigées.

Sur le texte littéraire (document A)

▶ **1.** Quelle est la situation des deux personnages du texte ? Relevez deux citations pour appuyer votre réponse. *(1 point)*

▶ **2.** « jeune couple moderno-intellectuel » (l. 4) : expliquez le sens de cette expression en vous reportant au portrait du couple dans le texte. *(2 points)*

▶ **3.** À quelle personne le texte est-il rédigé ? Quelle indication cela vous donne-t-il sur le genre du texte ? *(1,5 point)*

▶ **4.** Quel est le temps employé majoritairement dans le texte ? Quelle est sa valeur ? Quel effet cet emploi produit-il sur le lecteur ? *(1,5 point)*

▶ **5.** « La cocotte-minute, cadeau de mariage si utile vous verrez, chantonne sur le gaz. » (l. 8-9). Qui le pronom personnel souligné désigne-t-il selon vous ? À quel type de message cette phrase vous fait-elle penser ? *(2 points)*

▶ **6.** « Elle avait démarré, la différence. » (l. 14). De quelle différence s'agit-il ? Commentez ce propos de la narratrice en faisant un parallèle avec le propos cité plus haut (l. 9) : « Finie la ressemblance. » *(3 points)*

▶ **7.** « À toi d'apprendre ma vieille. […] toute la bouffe est là […]. » (l. 29-32). À quel niveau de langue appartiennent les mots soulignés ? Justifiez leur emploi dans le texte. *(2 points)*

▶ **8.** Pourquoi peut-on dire que la narratrice est une « femme gelée », ainsi que l'annonce le titre de l'œuvre ? Relevez trois éléments dans le texte pour appuyer votre réponse. *(3 points)*

Sur le texte littéraire et l'image (documents A et B)

▶ **9.** Quels sont les éléments qui rapprochent l'image et le texte ? *(2 points)*

Sur l'image (document B)

▶ **10.** Cette publicité pourrait-elle, selon vous, être encore utilisée à notre époque ? *(2 points)*

RÉÉCRITURE   **5 POINTS**

« Je suis humiliée. Mes parents, l'aberration, le couple bouffon. Non je n'en ai pas vu beaucoup d'hommes peler des patates. Mon modèle à moi n'est pas le bon, il me le fait sentir. » (l. 24-26)

Réécrivez ce passage en remplaçant « je » par « nous » (en conservant le genre féminin). Vous procéderez à toutes les transformations nécessaires.

Se raconter, se représenter **SUJET 4**

2de partie • Rédaction et maîtrise de la langue (1 h 50)

DICTÉE — 5 POINTS

Le nom de l'auteur et le titre de l'œuvre sont écrits au tableau au début de la dictée.

Simone de Beauvoir
Le Deuxième Sexe, tome II, 1949
© Éditions Gallimard, www.gallimard.fr

Dans les romans d'aventures ce sont les garçons qui font le tour du monde, qui voyagent comme marins sur des bateaux, qui se nourrissent dans la jungle du fruit de l'arbre à pain. Tous les événements importants arrivent par les hommes. La réalité confirme ces romans et ces légendes. Si la fillette lit les journaux, si elle écoute la conversation des grandes personnes, elle constate qu'aujourd'hui comme autrefois les hommes mènent le monde. Les chefs d'État, les généraux, les explorateurs, les musiciens, les peintres qu'elle admire sont des hommes ; ce sont des hommes qui font battre son cœur d'enthousiasme.

TRAVAIL D'ÉCRITURE — 20 POINTS

Les candidats conserveront le corpus (documents A et B) de la première partie de l'épreuve.

Vous traiterez au choix le sujet A ou B.

Sujet A
Selon vous, est-il facile aujourd'hui pour une femme de concilier vie familiale et vie professionnelle ?
Votre rédaction sera d'une longueur minimale de deux pages.

Sujet B
À la suite d'un accident, la jeune enseignante doit se reposer. Son mari la remplace dans la maison.
Vous imaginerez la suite du récit en montrant que le mari se rend compte progressivement de l'inégalité qui existait entre eux.
Votre rédaction sera d'une longueur minimale de deux pages.

Se raconter, se représenter — SUJET 4

LES CLÉS DU SUJET

■ Les documents

Le texte littéraire (document A)
Il s'agit d'un roman d'inspiration autobiographique, comme le sont la plupart des œuvres d'Annie Ernaux. Elle y évoque le thème de la condition féminine et fait part de son expérience, de ses interrogations et de ses révoltes.

L'image (document B)
Cette image publicitaire de la fin des années 1950 pour des appareils électroménagers de la marque Moulinex présente l'image du couple telle qu'elle était valorisée à l'époque : l'homme qui travaille, la femme au foyer.

■ Travail d'écriture (Sujet A)

Recherche d'idées
• Commence par choisir la thèse que tu vas développer : oui (ou non) il est (ou il n'est pas) plus facile aujourd'hui pour une femme de concilier vie professionnelle et vie familiale.

• Appuie-toi sur ce que tu as pu observer dans ta famille sur la répartition des tâches. Tu peux comparer la vie de ta mère à celle de tes grands-mères.

Conseils de rédaction
Voici une proposition de plan si tu optes pour la thèse : « Il est plus facile aujourd'hui pour une femme de concilier vie professionnelle et vie familiale. »

• **Argument n° 1** : les mentalités ont changé, les hommes sont moins réticents à prendre en charge une partie des tâches ménagères.

• **Argument n° 2** : le développement des crèches et des aides sociales permet aux femmes de faire plus facilement garder leurs enfants.

• **Contre-argument n° 1** : les préjugés ont la vie dure.

• **Contre-argument n° 2** : l'inégalité face à l'emploi subsiste entre les hommes et les femmes.

• **Synthèse** : les mentalités ont bien évolué, mais il reste du chemin à parcourir pour plus d'égalité.

■ Travail d'écriture (Sujet B)

Recherche d'idées
Tout d'abord, imagine rapidement l'accident. Prends le temps ensuite d'envisager toutes les tâches ménagères qui peuvent s'accumuler dans une maison : cuisine, vaisselle, lessive… Enfin, prends en compte les réticences du mari, sa maladresse et son manque d'habitude…

Se raconter, se représenter **CORRIGÉ 4**

> **Conseils de rédaction**
> Il s'agit d'une suite de texte. N'oublie pas d'en respecter la forme :
> – récit à la première personne (la narratrice = la femme) ;
> – emploi majoritairement du présent.
> Tu peux garder la simplicité du style (phrases courtes, souvent non-verbales).
> Évite cependant d'utiliser un lexique familier.

CORRIGÉ 4

1re partie • Comprendre, analyser et interpréter – Réécriture

QUESTIONS

▶ **1.** Ils sont mari et femme et encore étudiants. La narratrice assure aussi un emploi d'enseignante : « Un mois, trois mois que nous sommes mariés, nous retournons à la fac, je donne des cours de latin. »

▶ **2.** Les deux personnages semblent former un « jeune couple moderno-intellectuel ».
Tout d'abord, ils travaillent tous les deux, d'où l'idée de couple moderne. Ensuite, ils poursuivent des études, de lettres pour elle, de droit pour lui, d'où l'idée de couple intellectuel.

▶ **3.** Ce texte est rédigé à la première personne. Cela peut laisser penser à une autobiographie, une œuvre dans laquelle l'auteur raconte, à la première personne, sa propre vie.

▶ **4.** Le temps employé majoritairement est le présent de l'indicatif. Il a une valeur de présent d'habitude, de répétition. Cela donne une impression d'uniformité, d'ennui, de routine.

> **Zoom**
> Le présent peut avoir plusieurs valeurs : présent de l'énonciation, présent de narration, présent de répétition, présent de vérité générale.

▶ **5.** « La cocotte-minute, cadeau de mariage si utile vous verrez, chantonne sur le gaz. »
Le pronom *vous* semble désigner les lecteurs, mais cette phrase a pu aussi être adressée à la narratrice par la personne qui lui a offert la cocotte-minute. Cela sonne comme un message publicitaire.

Se raconter, se représenter **CORRIGÉ 4**

▶ **6.** « Elle avait démarré, la différence. » La narratrice entend par là que l'égalité dans le couple s'arrête à ces moments d'étude partagés. En effet, il n'est nullement question de se répartir équitablement les tâches ména-

> **Info +**
> Le machisme est une idéologie fondée sur l'idée que l'homme domine socialement la femme.

gères qui toutes incombent à la jeune femme. Son mari considère que ce ne sont pas des tâches dignes d'un homme. Il fait preuve de machisme.

▶ **7.** Les mots « (ma) vieille » et « bouffe » appartiennent au niveau de langage familier. Ils sont employés dans une sorte de dialogue intérieur qui mêle les réflexions du mari et celles que la narratrice se fait à elle-même. Ce registre de langue met en évidence l'autodénigrement de la jeune femme face au manque de considération de son époux et la banalité, la trivialité de son quotidien.

▶ **8.** On peut dire que la narratrice est « une femme gelée », comme l'indique le titre de l'œuvre, car à travers cette image métaphorique, on entrevoit combien la vie qui l'attend va être différente de celle à laquelle elle aspirait. Le gel évoque à la fois quelque chose qui emprisonne et quelque chose qui glace, qui chasse toute chaleur, tout désir, tout élan, toute résistance. La jeune femme se voit coincée, figée dans un quotidien déprimant fait de corvées ménagères répétitives dans lequel « on s'enlise, doucettement », « en y consentant lâchement. » Elle perd peu à peu sa joie de vivre, sa fantaisie, sa combativité, engluée dans des « moments d'angoisse et de découragement ».

▶ **9.** Le texte et la publicité évoquent tous les deux la même image de la femme : celle de la bonne ménagère à laquelle incombe le devoir de confectionner de « bons petits plats » pour son mari. Tous deux mettent en scène les appareils ménagers, considérés comme les cadeaux idéaux pour la maîtresse de maison : la cocotte-minute, le compte-minutes… La publicité valorise cette image (l'épouse semble rayonnante et comblée) contrairement au texte qui se montre critique face à une telle conception de la femme.

▶ **10.** Une telle publicité ne serait plus possible de nos jours : l'image de la femme et du couple a profondément changé. Les femmes ont livré de nombreux combats pour faire évoluer leur condition et réclament toujours plus d'égalité entre les sexes. Une telle affiche serait accusée de sexisme.

RÉÉCRITURE

Les modifications sont mises en couleur.

« Nous sommes humiliées. Nos parents, l'aberration, le couple bouffon. Non nous n'en avons pas vu beaucoup d'hommes peler des patates. Notre modèle à nous n'est pas le bon, il nous le fait sentir. »

Se raconter, se représenter CORRIGÉ 4

2ᵈᵉ partie • Rédaction et maîtrise de la langue

DICTÉE

> **POINT MÉTHODE**
>
> ❶ Attention à ne pas confondre *ce* pronom démonstratif et *se* pronom personnel réfléchi. On peut remplacer *ce* par *cela* et *se* par *me* ou *te*.
>
> ❷ Il y a trois noms qui ont un pluriel en *x* : un bateau/des bateaux, un journal/des journaux, un général/des généraux.

Dans les romans d'aventures ce sont les garçons qui font le tour du monde, qui voyagent comme marins sur des bateaux, qui se nourrissent dans la jungle du fruit de l'arbre à pain. Tous les événements importants arrivent par les hommes. La réalité confirme ces romans et ces légendes. Si la fillette lit les journaux, si elle écoute la conversation des grandes personnes, elle constate qu'aujourd'hui comme autrefois les hommes mènent le monde. Les chefs d'État, les généraux, les explorateurs, les musiciens, les peintres qu'elle admire sont des hommes ; ce sont des hommes qui font battre son cœur d'enthousiasme.

TRAVAIL D'ÉCRITURE

Voici un exemple de rédaction sur chacun des deux sujets. Attention les indications entre crochets ne doivent pas figurer sur ta copie.

Sujet A

[Présentation de la thèse] De nos jours, il est sans doute plus facile pour une femme de concilier vie familiale et vie professionnelle.

[Argument] En effet, les mentalités ont changé. Les hommes considèrent de moins en moins les tâches ménagères et l'éducation des enfants comme réservées aux femmes ; ils assument leur part, apprennent à changer les couches et aiment cuisiner. Les femmes revendiquent de leur côté le droit à une vie professionnelle et se sont décomplexées.

> **Conseil**
> Pense à aller à la ligne à chaque nouvel argument et à les introduire au moyen d'un connecteur argumentatif.

De plus, les parents peuvent bénéficier d'une aide pour faire garder leurs enfants. L'offre, si elle est encore insuffisante, est variée : crèches, assistantes maternelles… Décidément, la vie de nos mères ne ressemble pas à celle de nos grands-mères.

[Contre-arguments] **Cependant**, il reste bien des résistances. Les mentalités peinent à évoluer. Les enquêtes et sondages montrent que ce sont encore et toujours les femmes qui doivent prendre en charge la plus grande partie des tâches ménagères. Si un certain nombre d'hommes aiment cuisiner le week-end, la cuisine-corvée de tous les jours est majoritairement réservée aux femmes.

Par ailleurs, les femmes sont souvent freinées dans leur carrière par leur vie familiale : certaines entreprises sont réticentes à embaucher des femmes prétextant qu'elles risquent de s'absenter lorsqu'elles seront enceintes ou pour garder leurs enfants lorsqu'ils seront malades. Cela dépend évidemment du milieu social. Il est plus facile de concilier vie familiale et vie professionnelle dans les milieux aisés ; c'est beaucoup plus compliqué dans les milieux défavorisés.

[Conclusion] **Pour conclure**, si les choses ont évolué, il y a encore du chemin à faire dans les mentalités pour que le partage des tâches soit équitable dans le couple et que les femmes ne soient plus écartelées entre leur vie professionnelle et leur vie de famille. Pourquoi ne pas commencer par expliquer aux garçons que l'entretien de la maison et l'éducation des enfants ne sont pas réservés aux filles ?

Sujet B

[L'accident] Il m'est arrivé un petit accident providentiel : je me suis cassé le bras en tombant dans l'escalier. Le bras droit, bien évidemment. Et, cerise sur le gâteau, foulé le poignet gauche. Me voilà dans l'incapacité de faire la cuisine, le ménage, la lessive, le repassage. Sur le moment, j'ai été prise de panique, mais ensuite je me suis dit que c'était l'occasion de faire évoluer les choses.

[Les étapes de la prise de conscience] **Le premier jour**, mon mari me propose d'aller au restaurant. Cela lui semble plus simple. C'est agréable, mais je sais que nos finances ne nous permettront pas de le faire tous les jours.

> **Conseil**
> Pour montrer l'évolution de la situation, tu peux employer des compléments circonstanciels de temps : *au début, deux jours plus tard*, etc.

Le deuxième jour, en pestant dans sa barbe, il se met à la recherche d'une boîte de conserve. Encore lui faut-il trouver l'ouvre-boîtes. Le résultat de l'opération se révèle peu concluant : les petits pois ont brûlé au fond de la casserole ; ils sont immangeables.

Le lendemain matin, il constate avec mauvaise humeur qu'il n'y a plus que des chaussettes dépareillées au fond du tiroir de la commode et que sa chemise n'est pas repassée.

Se raconter, se représenter **CORRIGÉ 4**

Le soir, lorsqu'il ouvre le réfrigérateur, force lui est de constater qu'il n'y a plus ni œufs, ni fromage, ni pizza surgelée. Il doit courir jusqu'à l'épicerie du coin en espérant qu'elle ne soit pas déjà fermée. De retour, il s'acharne sur la cocotte-minute : « comment ça marche, ce machin ? ! » J'ai un peu pitié de lui, mais je trouve l'expérience assez drôle.

Le cinquième jour, il a des cernes sous les yeux. « Je me demande bien ce que je vais faire à manger, soupire-t-il. Une soupe, ça ira ? »

À la fin de la semaine, la vaisselle s'entasse dans l'évier, le panier de linge sale déborde et le congélateur est désespérément vide. Mon mari semble déboussolé, débordé. J'ai presque envie de le consoler, de le réconforter. Il a troqué son costume-cravate contre l'infamant tablier de la ménagère et sa cuisine s'améliore : il semble fier des petits plats qu'il nous concocte.

[Conclusion : une nouvelle répartition des tâches] À la fin du mois, lorsqu'on me retire mon plâtre, il reconnaît qu'il avait des idées fausses sur le rôle des hommes et des femmes, et qu'il n'avait pas conscience de tous les travaux que j'avais à assumer dans la maison. Il me promet d'être moins égoïste et me propose une nouvelle répartition des tâches : à lui la cuisine et la vaisselle, à moi la lessive et le repassage.

SUJET 5

Sujet inédit • Se raconter, se représenter
50 points

Une famille de rêve

Ce sujet regroupe tous les exercices de français de la 2ᵈᵉ épreuve écrite.

1ʳᵉ partie • Analyse et interprétation de textes et de documents (1 heure)

DOCUMENT A — **Texte littéraire**

Alain Mabanckou raconte dans cet ouvrage son retour, après vingt-trois ans d'absence, dans la ville où il a grandi, Pointe-Noire, au Congo. Il explique pourquoi il a longtemps refusé d'accepter la mort de sa mère, survenue entre-temps, et évoque quelques souvenirs d'enfance.

Oui, j'ai longtemps laissé croire que ma mère était encore en vie. Je n'avais, pour ainsi dire, pas le choix, ayant pris l'habitude de ce genre de mensonges depuis l'école primaire lorsque je ressuscitais mes sœurs aînées dans le dessein d'échapper aux railleries de mes camarades qui,
5 eux, se glorifiaient d'avoir une famille nombreuse et se proposaient de « prêter » des rejetons à ma mère. Obsédée par l'idée de voir un autre enfant sortir de son ventre, elle avait consulté les médecins les plus réputés de la ville et la plupart de ces guérisseurs traditionnels qui prétendaient avoir soigné des femmes dont la stérilité datait au
10 moins d'une vingtaine d'années. Déçue […], ma mère s'était résolue à accepter sa condition : n'avoir qu'un seul enfant et se dire qu'il y avait sur terre d'autres femmes qui n'en avaient pas et qui auraient été comblées d'être à sa place. Elle ne pouvait pas pour autant balayer d'un revers de main le fait que la société dans laquelle elle vivait consi-
15 dérait une femme sans enfants comme aussi malheureuse que celle qui n'en avaient eu qu'un seul. Dans ce même esprit, un fils unique était un pestiféré[1]. Il était la cause des malheurs de ses parents […]. Sans compter qu'on lui attribuait les pouvoirs les plus extraordinaires : il était capable de faire pleuvoir, d'arrêter la pluie, de causer la fièvre à
20 ses ennemis, de rendre les plaies de ces derniers incurables. Tout juste s'il ne pouvait influer sur la rotation de la Terre. […]

Lorsque j'évoquais ces sœurs devant mes camarades j'exagérais sans doute. J'avançais avec fierté qu'elles étaient grandes, belles et intelligentes. J'ajoutais, sûr de moi, qu'elles portaient des robes aux couleurs d'arc-en-ciel et qu'elles comprenaient la plupart des langues de la terre. Et pour convaincre certains de mes détracteurs, j'insistais qu'elles roulaient dans une Citroën DS décapotable rouge conduite par un *boy*[2], qu'elles avaient maintes fois pris l'avion, et qu'elles avaient traversé les mers et les océans. Je savais alors que j'avais marqué des points lorsque les interrogations fusaient :

– Donc toi aussi tu es entré dans cette Citroën DS avec tes sœurs ? questionnait le plus candide de mes camarades dont les yeux luisaient de convoitise.

Je trouvais vite un alibi inattaquable.

– Non, je suis trop petit, mais elles ont promis de me laisser entrer dedans quand j'aurai leur taille...

Un autre, plutôt animé par la jalousie, essayait de me contrarier :

– C'est du n'importe quoi ! Depuis quand il faut être grand pour entrer dans une voiture ? J'ai vu des enfants plus petits que nous dans les voitures !

Je ne perdais pas mon calme :

– Est-ce que c'était dans une Citroën DS que tu les avais vus, ces enfants ?

– Euh... non... C'était une Peugeot...

– Ben voilà... Dans la Citroën DS décapotable il faut être plus grand que nous parce que c'est une voiture qui va vite, et c'est dangereux si tu es encore petit...

Puisque personne n'avait vu ces sœurs, mitraillé de questions par une assemblée de mômes de plus en plus curieux, mais dont l'incrédulité croissait au rythme de ma mythomanie[3], je prétextais qu'elles étaient en Europe, en Amérique, voire en Asie et qu'elles reviendraient en vacances pendant la saison sèche. [...]

Égaré dans la nasse[4] de mes propres fictions, je commençais à y croire plus que mes camarades, et j'attendais de pied ferme le retour de mes aînées.

Alain Mabanckou, *Lumières de Pointe-Noire*, 2013,
© Éditions du Seuil, « Fiction et Cie », 2013, Points, 2014.

---

1. Pestiféré : maudit.
2. *Boy* : domestique.
3. Mythomanie : tendance excessive à mentir et à inventer des histoires.
4. Nasse : filet dont le poisson ne peut plus s'échapper après y être entré.

Se raconter, se représenter **SUJET 5**

DOCUMENT B **Wilfredo Lam, *Niño en blanco*, 1940**

Wilfredo Lam (1902-1982) est un peintre cubain, influencé à la fois par les arts occidentaux et par les arts africains.

ADAGP, Paris 2017

QUESTIONS   **20 POINTS**

Les réponses doivent être entièrement rédigées.

Sur le texte littéraire (document A)

▶ **1.** Quels sont les membres de sa famille que le narrateur mentionne ? Qu'apprend-on d'eux dès les premières lignes ? *(2 points)*

▶ **2.** Quelles sont les croyances populaires attachées à un enfant unique, mentionnées dans le texte ? *(2 points)*

Se raconter, se représenter SUJET 5

▶ **3.** « […] "prêter" des rejetons à ma mère. » (ligne 6) *(2 points)* :
a) Que propose-t-on de « prêter » à la mère du narrateur ?
b) Pourquoi le verbe prêter est-il entre guillemets ?

▶ **4. a)** Quelle image le narrateur donne-t-il de ses sœurs à ses camarades ? *(1 point)*
b) Quelles sont les figures de style employées pour faire leur portrait ? *(1 point)*
❏ La comparaison.
❏ L'énumération.
❏ La périphrase.
❏ L'hyperbole.
c) Pourquoi dresse-t-il leur portrait ? *(1 point)*

▶ **5. a)** Quels sont les différents sentiments qui poussent les camarades du narrateur à lui poser des questions ? *(1 point)*
b) « […] dont l'incrédulité croissait au rythme de ma mythomanie […] » (lignes 49-50)
Expliquez le sens de ce passage en vous aidant de ce qui précède et de ce qui suit. *(2 points)*

▶ **6.** Selon vous, le narrateur souffre-t-il de sa situation familiale ? *(2 points)*

▶ **7.** Expliquez les impressions ressenties à la lecture de ce passage, en vous appuyant sur des éléments précis du texte. Vous attendiez-vous à cela ? *(2 points)*

Sur le texte et l'image (documents A et B)

▶ **8.** Selon vous, quels sont les éléments qui permettent de rapprocher la peinture et le texte ? *(2 points)*

▶ **9.** Qu'évoque en vous cette peinture ? Pourquoi ? Comparez ces impressions à celles provoquées par la lecture du texte. *(2 points)*

2de partie • Rédaction et maîtrise de la langue (2 heures)

DICTÉE — 5 POINTS

Le titre et la source de l'extrait sont écrits au tableau au début de la dictée.

Alain Mabanckou
Lumières de Pointe-Noire
© Éditions du Seuil, 2013
Points, 2014

Une mère complice

On pouvait m'entendre monologuer sur le chemin de l'école ou dans le quartier quand ma mère m'envoyait acheter du sel ou du pétrole. À force de passer des heures avec ces sœurs dans mes pensées, je les voyais à présent la nuit ouvrir la porte de notre maison, entrer et s'orienter vers la cuisine où elles fouillaient dans les marmites les restes de la nourriture que ma mère avait préparée. Le jour où je soufflai à ma mère que mes deux sœurs nous avaient rendu visite et n'avaient pas trouvé de quoi manger, elle demeura silencieuse puis [...] me dit :

– Tu n'as pas remarqué que tous les soirs je laisse deux assiettes remplies de nourriture à l'entrée de la porte ?

RÉÉCRITURE — 5 POINTS

« Égaré dans la nasse de mes propres fictions, je commençais à y croire plus que mes camarades, et j'attendais de pied ferme le retour de mes aînées. »

Réécrivez ce passage en remplaçant la première personne du singulier par la première personne du pluriel, et l'imparfait par le présent de l'indicatif. Vous ferez toutes les modifications nécessaires.

TRAVAIL D'ÉCRITURE — 20 POINTS

Vous traiterez au choix le sujet A ou le sujet B.
Votre rédaction sera d'une longueur minimale d'une soixantaine de lignes (300 mots environ).

Sujet A

Vous avez, un jour, proféré des mensonges avant d'être obligé d'avouer la vérité. Racontez cet épisode, en insistant particulièrement sur les sentiments ressentis à cette occasion.

Se raconter, se représenter **SUJET** **5**

Sujet B

Certains appartiennent à des familles nombreuses, tandis que d'autres n'ont ni frère ni sœur. Pensez-vous qu'il est préférable, pour un adolescent, d'avoir des frères et sœurs ou d'être enfant unique ? Vous présenterez votre réflexion de manière structurée, dans un texte organisé en paragraphes.

LES CLÉS DU SUJET

■ Les documents

Le texte littéraire (document A)
Le texte autobiographique d'Alain Mabanckou, écrit comme un moyen d'accepter enfin la mort de sa mère, raconte dans ses premières pages la naissance et l'enfance du narrateur. Les sœurs aînées mentionnées ne sont pas des inventions pures ; mais le narrateur ne les a jamais connues, car elles sont mortes en venant au monde.

Le tableau (document B)
Influencé par Picasso et le mouvement surréaliste, Wilfredo Lam (1902-1982) a toujours revendiqué l'influence de la poésie africaine sur sa peinture. Il est marqué, en 1931, par un événement tragique : sa femme et son fils succombent à la tuberculose. Il peint alors de nombreux tableaux de mère et enfant pour exprimer sa douleur.

■ Travail d'écriture (Sujet A)

Recherche d'idées
Si tu n'as pas de souvenir précis dont tu pourrais t'inspirer, tu peux imaginer une situation où tu mens à l'un de tes camarades, à tes parents ou à tes professeurs. Définis avec précision les raisons qui t'ont conduit à mentir : la peur, l'envie ou la précipitation.

Conseils de rédaction
Commence par présenter la situation : l'âge que tu avais, le lieu où tu te trouvais. Pense ensuite à bien expliquer les raisons qui t'ont poussé(e) à mentir, puis celles qui t'ont forcé(e) à avouer le mensonge. Quand tu mentionneras tes sentiments, insiste sur le doute (*s'imaginer, espérer, sans doute, éventuellement…*) ou la culpabilité (*honte, responsabilité, faute, regret…*).

■ Travail d'écriture (Sujet B)

Recherche d'idées

Réfléchis d'abord aux avantages dont jouit un enfant unique : une attention plus grande de la part des parents, l'absence de chamailleries et de disputes, des conditions de vie parfois plus agréables matériellement… Puis, à l'inverse, pense à ce que peut apporter l'existence de frères et de sœurs : le plaisir du partage, la protection des aînés, l'apprentissage de la responsabilité.

Conseils de rédaction

Au brouillon, ne rédige entièrement que l'introduction et la conclusion. Ton plan comportera deux parties, reliées par un lien logique d'opposition (*cependant*, *néanmoins*, *toutefois*…). Attends la conclusion pour donner ton opinion personnelle sur le sujet.

CORRIGÉ 5

1re partie • Analyse et interprétation de textes et de documents

QUESTIONS

▶ **1.** Le narrateur mentionne d'abord sa mère, puis ses sœurs aînées. Dès les premières lignes, on apprend que ces personnes sont mortes, mais qu'il a longtemps laissé croire qu'elles étaient encore en vie. Le mensonge concernant ses sœurs date de son enfance ; on comprend que le mensonge concernant sa mère est, comme son décès, beaucoup plus récent.

▶ **2.** La société dans laquelle vit la mère déconsidère les femmes qui n'ont eu qu'un seul enfant. Les croyances qui s'y attachent sont clairement péjoratives : l'enfant est vu comme un pestiféré, cause de malheurs, et possède des pouvoirs surnaturels (commander la pluie, faire du tort à ses ennemis, par exemple).

▶ **3. a)** Les camarades du narrateur, par raillerie, proposent de prêter à sa mère des enfants supplémentaires.

b) Les guillemets signalent que le verbe « prêter » n'est pas adapté à la proposition ; on ne peut pas prêter des enfants.

Se raconter, se représenter **CORRIGÉ** **5**

▶ **4. a)** Le narrateur donne de ses sœurs une **image très positive** : en plus d'être *grandes, belles et intelligentes*, elles sont polyglottes, voyagent et se déplacent luxueusement.

b) Pour mentionner toutes ces qualités, deux figures sont utilisées : l'**énumération**, et l'**hyperbole**.

> **Zoom**
> L'hyperbole est une figure d'exagération.

c) Le narrateur dresse un portrait exagérément positif de ses sœurs imaginaires, car il veut avant tout **échapper aux railleries** de ses camarades qui lui reprochent d'être enfant unique ; en s'inventant une famille magnifique, il cherche peut-être également à combler un certain vide.

▶ **5. a)** Les **sentiments** successivement mentionnés sont : la convoitise, la jalousie, la curiosité et l'incrédulité.

b) Plus ses camarades le questionnent, plus le narrateur est amené à forger de nouveaux mensonges ; et plus les mensonges sont nombreux, plus ses camarades ont du mal à le croire. Mais plus il profère de mensonges, plus il se met lui-même à y croire : sa **mythomanie** (ou le fait de croire à ses propres mensonges) augmente, tandis que l'incrédulité de ses camarades grandit elle aussi.

▶ **6.** Enfant unique dans une société où cela est très mal vu, le narrateur vit seul avec sa mère, car ses deux sœurs aînées sont mortes à la naissance. Il ne parle pourtant **pas de souffrance** ; il n'insiste pas sur sa solitude. Le mensonge des sœurs aînées sert avant tout à impressionner ses camarades.

▶ **7.** Les premières phrases mentionnent les décès de sa mère et de ses sœurs ; le lecteur s'attend alors à un texte d'une tonalité grave ou triste. Mais c'est une impression bien plus légère qui prévaut : le chagrin est absent du portrait que l'enfant dresse de sa mère et de ses sœurs, s'emmêlant dans ses mensonges. On peut ressentir à la lecture de ce passage à la fois de la **surprise** et de l'**amusement**. L'exagération rend en effet la lecture de ce texte très plaisante (*tout juste s'il ne pouvait influer sur la rotation de la Terre, j'exagérais sans doute…*).

> **Zoom**
> On utilise le terme « tonalité » pour parler de l'impression qu'un texte cherche à produire sur le lecteur. On parle ainsi de tonalité pathétique, tragique, lyrique, comique, etc.

▶ **8.** Le **thème de la famille** semble commun aux deux documents. Le texte présente un petit garçon, sa mère et ses sœurs ; le tableau montre une silhouette d'enfant, s'accrochant au cou d'une figure maternelle. L'**attachement** de l'enfant aux membres, réels ou fantasmés, de sa famille, se retrouve dans les deux documents.

▶ 9. Le lien entre les deux silhouettes est au centre du tableau de Wilfredo Lam. Mais les couleurs majoritairement utilisées sont froides, et les différences sont importantes entre l'enfant et la mère (les couleurs utilisées, les visages, les attitudes). Le tableau n'évoque donc pas une relation éternellement heureuse. Comme dans le texte, les liens familiaux, même emplis d'amour, ne sont pas forcément synonymes de bonheur.

2de partie • Rédaction et maîtrise de la langue

DICTÉE

> **POINT MÉTHODE**
>
> **❶** Ne confonds pas les homophones suivants : *ou* (= ou bien)/*où* ; *ces* (déterminant démonstratif)/*ses* (déterminant possessif).
>
> **❷** Sois attentif aux accords du participe passé : employé sans auxiliaire, il fonctionne comme un adjectif et s'accorde avec le nom qu'il qualifie ; employé avec avoir, il ne s'accorde jamais avec le sujet ; mais il peut s'accorder avec le COD si celui-ci est placé avant le verbe.
>
> **❸** Pour savoir s'il faut employer l'imparfait (*je soufflais*) ou le passé simple (*je soufflai*), identifie la valeur du temps dans la phrase : il s'agit ici d'une action ponctuelle, il faut donc employer le passé simple.

On pouvait m'entendre monologuer sur le chemin de l'école **ou** dans le quartier quand ma mère m'envoyait acheter du sel **ou** du pétrole. À force de passer des heures avec **ces** sœurs dans mes pensées, je les voyais à présent la nuit ouvrir la porte de notre maison, entrer et s'orienter vers la cuisine **où** elles fouillaient dans les marmites les restes de la nourriture que ma mère avait **préparée**. Le jour **où** je **soufflai** à ma mère que mes deux sœurs nous avaient **rendu** visite et n'avaient pas **trouvé** de quoi manger, elle demeura silencieuse puis […] me dit :

– Tu n'as pas **remarqué** que tous les soirs je laisse deux assiettes **remplies** de nourriture à l'entrée de la porte ?

RÉÉCRITURE

Les modifications sont mises en couleur.

« **Égarés** dans la nasse de **nos** propres fictions, **nous commençons** à y croire plus que **nos** camarades, et **nous attendons** de pied ferme le retour de **nos aînées**. »

Se raconter, se représenter **CORRIGÉ 5**

TRAVAIL D'ÉCRITURE

Voici un exemple de rédaction sur chacun des deux sujets.
Attention les titres en couleur ne doivent pas figurer sur ta copie.

Sujet A

[Présentation des circonstances] Lorsque j'avais dix ans, ma mère et moi sommes partis en vacances au Maroc et je pris l'avion pour la première fois. Pendant tout le vol, j'étais tellement excité que je n'arrivais pas à me taire. En arrivant à Marrakech, ma mère était nerveuse et irritable à cause de la fatigue due au voyage, et sans doute aussi de mon bavardage incessant. Lorsque je fis tomber ma valise sur son petit orteil, elle devint écarlate et se mit à crier contre moi, nous donnant en spectacle, sans faire aucun cas du regard des autres ; je pris très mal cette humiliation publique et sonore.

[Le mensonge et l'aveu] Lorsque nous sommes parvenus aux douanes, ma mère avait retrouvé son calme. J'étais, quant à moi, à la fois décontenancé et plein de rancune. Aussi lorsque le policier, après avoir examiné mon passeport, me demanda si la dame qui m'accompagnait était ma mère, je répondis que non, et que je ne la connaissais pas. Il regarda alors ma mère d'un air interrogateur. Je vis bien qu'elle s'efforçait de garder son calme, tandis qu'elle répondait au douanier, mais le regard qu'elle me lança ne laissait rien présager de bon. Une discussion s'engagea entre les deux adultes dans une atmosphère tendue. Je commençai à avoir très chaud, et à me demander si je n'avais pas un peu exagéré. Finalement, au milieu de la suspicion générale, ma mère brandit le livret de famille qui prouvait, même si nous ne portions pas le même nom, que j'étais bien son fils. Je dus alors, tête baissée, avouer aux policiers que j'avais menti. Le regard noir et la main posée sur leur arme, ils me firent bien comprendre qu'ils n'avaient pas trouvé ça drôle.

[Conclusion] J'avais menti car j'étais en colère contre ma mère ; mais je fis connaissance avec une colère bien plus terrible encore : ce ne fut que le lendemain, après une bonne nuit et un petit-déjeuner copieux, que ma mère accepta de me parler à nouveau à peu près gentiment.

> **Conseil**
> Tu n'es pas obligé de terminer ton devoir par une conclusion bien-pensante du type : *j'ai compris que c'était mal de mentir, je ne le ferai plus*, etc.

Se raconter, se représenter **CORRIGÉ 5**

Sujet B

[Introduction] On peut naître dans une famille nombreuse, ou au contraire être l'unique enfant de ses parents. À l'adolescence cela prend une importance tout à fait particulière. À cet âge, vaut-il mieux avoir des frères et sœurs ou être enfant unique ?

> **Conseil**
> Pour rédiger l'introduction, commence par rappeler le sujet, formule ensuite la question (problématique) à laquelle ton devoir va répondre, puis annonce son plan.

[Les avantages d'être enfant unique] Lorsque l'on est l'unique enfant à la maison, on profite d'abord d'une attention plus grande de la part de ses parents, qui n'ont pas à s'occuper d'enfants, par exemple plus petits, qui nécessitent beaucoup de temps et de vigilance. C'est d'autant plus important en cette période fragile qu'est l'adolescence. Le quotidien d'un enfant unique est aussi plus calme : ni disputes, ni rivalité, ni jalousie envers un aîné ou un cadet. Enfin, c'est aussi la garantie de ne pas avoir à partager sa chambre, à un âge où l'on souhaite particulièrement préserver son intimité.

[Les avantages d'appartenir à une fratrie] Toutefois, avoir des frères et sœurs peut se révéler très bénéfique, notamment à l'adolescence. On peut partager avec eux ses angoisses et ses joies. Durant cette période de la vie où l'on manque parfois de repère, il peut également être bon de bénéficier du soutien et des conseils de quelqu'un de plus proche de soi que les parents. Enfin, en jouant ce même rôle auprès des plus jeunes, on apprend à être responsable et à donner l'exemple.

[Conclusion] Être enfant unique peut donc présenter des avantages indéniables. Mais avoir des frères et sœurs me semble encore plus bénéfique. Si leur rôle est central à l'adolescence, il ne se limite pas à cet âge. Les liens tissés dans une fratrie pendant l'enfance sont un gage de rapports affectifs solides à l'âge adulte.

SUJET 6

Centres étrangers • Juin 2017
50 points

Une fuite dans l'imaginaire

1re partie • Comprendre, analyser et interpréter – Réécriture (1 h 10)

DOCUMENT A — **Texte littéraire**

Emma Bovary est l'épouse de Charles, un homme avec lequel elle n'est pas heureuse. Déçue par sa vie monotone, elle rêve de mener une vie mondaine comme les princesses ou les actrices des romans et des magazines qu'elle lit.

Comment était-ce Paris ? Quel nom démesuré ! Elle se le répétait à demi-voix, pour se faire plaisir ; il sonnait à ses oreilles comme un bourdon de cathédrale, il flamboyait à ses yeux jusque sur l'étiquette de ses pots de pommade. […]

5 Elle s'acheta un plan de Paris, et, du bout de son doigt, sur la carte, elle faisait des courses dans la capitale. Elle remontait les boulevards, s'arrêtant à chaque angle, entre les lignes des rues, devant les carrés blancs qui figurent les maisons. Les yeux fatigués à la fin, elle fermait ses paupières, et elle voyait dans les ténèbres se tordre
10 au vent des becs de gaz[1], avec des marche-pieds de calèches, qui se déployaient à grand fracas devant le péristyle des théâtres.

Elle s'abonna à *la Corbeille,* journal des femmes, et au *Sylphe des salons.* Elle dévorait, sans en rien passer, tous les comptes rendus de premières représentations, de courses et de soirées, s'intéressait au
15 début d'une chanteuse, à l'ouverture d'un magasin. Elle savait les modes nouvelles, l'adresse des bons tailleurs, les jours de Bois ou d'Opéra. Elle étudia, dans Eugène Sue, les descriptions d'ameublements ; elle lut Balzac et George Sand[2], y cherchant des assouvissements[3] imaginaires pour ses convoitises personnelles. À table même,
20 elle apportait son livre, et elle tournait les feuillets, pendant que Charles mangeait en lui parlant.

Paris, plus vague que l'Océan, miroitait donc aux yeux d'Emma dans une atmosphère vermeille. La vie nombreuse qui s'agitait en ce tumulte[4] y était cependant divisée par parties, classée en tableaux

25 distincts. Emma n'en apercevait que deux ou trois qui lui cachaient tous les autres, et représentaient à eux seuls l'humanité complète. Le monde des ambassadeurs marchait sur des parquets luisants, dans des salons lambrissés de miroirs, autour de tables ovales couvertes d'un tapis de velours à crépines d'or[5]. Il y avait là des robes à queue,
30 de grands mystères, des angoisses dissimulées sous des sourires. […] Dans les cabinets de restaurant où l'on soupe après minuit riait, à la clarté des bougies, la foule bigarrée des gens de lettres et des actrices. Ils étaient, ceux-là, prodigues[6] comme des rois, pleins d'ambitions idéales et de délires fantastiques. C'était une existence au-dessus des
35 autres, entre ciel et terre, dans les orages, quelque chose de sublime.

Gustave Flaubert, *Madame Bovary*, 1857.

---

1. Becs de gaz : éclairage public au XIXe siècle.
2. Eugène Sue, Balzac, George Sand : romanciers célèbres du XIXe qui ont décrit Paris.
3. Assouvissements : satisfactions.
4. Tumulte : foule débordante d'énergie.
5. Flaubert décrit ici des intérieurs très luxueux.
6. Prodigues : dépensiers.

DOCUMENT B — Publicité pour la marque Chanel, 1982

QUESTIONS 20 POINTS

Sauf indication contraire, les réponses doivent être entièrement rédigées.

Sur le texte littéraire (document A)

▶ **1.** Emma s'est-elle déjà rendue à Paris ? Justifiez votre réponse. *(2 points)*

▶ **2.** Que ressent Emma pour Paris ?
- de la crainte
- de la fascination
- de la curiosité.

a) Recopiez la bonne réponse sur votre copie. *(1 point)*
b) Justifiez votre choix en citant au moins deux éléments. *(2 points)*

▶ **3.** Quel est le quotidien d'Emma ? Vous vous appuierez sur le texte pour justifier votre réponse. *(2 points)*

▶ **4.** « Miroitait » (l. 22) :
a) Trouvez un mot de la même famille. *(0,5 point)*
b) Par quel synonyme pourriez-vous remplacer le mot « miroitait » dans la phrase ? *(0,5 point)*
c) Comment interprétez-vous le choix du verbe « miroitait » ? *(2 points)*

▶ **5.** D'après le dernier paragraphe, quelle vie Emma rêve-t-elle de vivre ? *(2 points)*

▶ **6.** Quels travers de la société Flaubert dénonce-t-il dans ce texte ? *(2 points)*

▶ **7.** Selon vous, cette critique est-elle encore d'actualité ? *(2 points)*

Sur l'image (document B)

▶ **8.** Commentez la façon dont cette femme tient le tableau de La Joconde. *(1 point)*

Sur le texte et l'image (documents A et B)

▶ **9.** En vous appuyant sur le document iconographique et sur le texte, dites quelle image de la femme française est ici véhiculée. *(3 points)*

RÉÉCRITURE 5 POINTS

« Elle étudia, dans Eugène Sue, des descriptions d'ameublements ; elle lut Balzac et George Sand, y cherchant des assouvissements imaginaires pour ses convoitises personnelles. À table même, elle apportait son livre, [...] tournait les feuillets, pendant que Charles mangeait en lui parlant. » (l. 17-21)

Réécrivez ce passage en remplaçant « elle » par « je ». Vous ferez toutes les transformations qui en découlent.

2ᵈᵉ partie • Rédaction et maîtrise de la langue (1 h 50)

DICTÉE 5 POINTS

Le nom de l'auteur, le titre de l'ouvrage, ainsi que « Bérénice » sont écrits au tableau au début de la dictée.

Louis Aragon
Aurélien, 1945
© Éditions Gallimard, www.gallimard.fr

Brusquement la ville s'ouvrait sur une perspective, et Bérénice sortait de cet univers qui l'effrayait et l'attirait [...]. Que c'est beau, Paris ! Là même où les voies sont droites, et pures, que de tournants… Nulle part à la campagne, le paysage ne change si vite ; nulle part, même dans les Alpes ou sur les bords de la mer ; il n'y a de si forts aliments pour le rêve d'une jeune femme désœuvrée, et ravie de l'être, et libre, libre de penser à sa guise, sans se surveiller, sans craindre de trahir sur son visage le fond de son cœur, de laisser échapper une phrase qu'elle regretterait parce qu'elle aurait fait du mal à quelqu'un…

TRAVAIL D'ÉCRITURE 20 POINTS

Vous traiterez au choix le sujet A ou B. Votre travail fera au moins deux pages (soit une cinquantaine de lignes).

Sujet A

Vous êtes journaliste et vous devez rédiger un article invitant à découvrir un lieu qui vous semble digne d'intérêt. Dans votre texte, vous présenterez les atouts géographiques et culturels de cet endroit. Vous veillerez à ne pas signer votre article.

Sujet B

« Il y avait là des robes à queue, de grands mystères, des angoisses dissimulées sous des sourires. » (l. 24-25) Pourquoi, selon vous, la vie des stars et des personnes célèbres fascine-t-elle toujours autant ?
Vous répondrez à cette question dans un développement argumenté et organisé en vous appuyant sur votre expérience, vos lectures, votre culture personnelle et les connaissances acquises dans l'ensemble des disciplines.

LES CLÉS DU SUJET

■ Les documents

Le texte littéraire (document A)
Madame Bovary raconte le destin d'une jeune fille de province, d'origine paysanne mais élevée en « demoiselle », qui croit échapper à sa condition par son mariage ; très vite pourtant elle délaissera ses illusions. Couverte de dettes, abandonnée par ses amants, désespérée, elle se suicide.

L'image (document B)
Cette publicité pour la célèbre marque de haute couture met en scène une parisienne élégamment vêtue. L'effet de surprise provient du tableau de Léonard de Vinci qu'elle tient négligemment dans la main, comme s'il s'agissait d'un achat anodin.

■ Travail d'écriture (Sujet A)

Recherche d'idées
• Pense à un lieu que tu connais et que tu apprécies ; il te sera plus simple ainsi de trouver ses atouts.
• Le lieu à présenter peut être un quartier, une ville, une région, un pays.

Conseils de rédaction
• Choisis un titre pour ton article : court, il doit attirer l'attention ; tu peux l'accompagner d'un sous-titre, apportant des informations complémentaires.
• Écris ensuite le chapeau : un texte court qui résume l'essentiel de l'information et permet d'accrocher l'attention du lecteur.
• Rédige enfin l'article, que tu peux émailler d'intertitres. Termine par une phrase de conclusion.

■ Travail d'écriture (Sujet B)

Recherche d'idées
• Le sujet ne demande pas de juger si cette fascination est légitime, mais simplement d'essayer de comprendre les raisons de cette fascination.
• Pour comprendre ce comportement, essaye d'analyser tes propres agissements : y a-t-il des célébrités que tu admires ? Pour quelles raisons ?

Conseils de rédaction
• Tu veilleras, dans ton introduction, à reprendre ou à reformuler la question posée dans le sujet, qui te servira de problématique.
• Les exemples doivent seulement servir à illustrer ton propos : tu ne dois donc pas raconter en détail toutes les mésaventures arrivées à telle ou telle star de la chanson.

CORRIGÉ 6

1ʳᵉ partie • Comprendre, analyser et interpréter – Réécriture

QUESTIONS

▶ **1.** Emma ne s'est jamais rendue à Paris. La phrase interrogative par laquelle débute le texte traduit les pensées d'Emma, qui s'interroge sur l'aspect de la capitale qu'elle n'a jamais vue : « Comment était-ce, Paris ? »

▶ **2. a)** Emma ressent avant tout de la fascination pour cette ville.
b) Plusieurs éléments du texte témoignent de cette fascination. Ainsi l'héroïne se « répétait à demi-voix [le nom de Paris] pour se faire plaisir ». Ce nom « sonnait à ses oreilles » et « flamboyait à ses yeux ». L'admiration passionnée d'Emma se lit également dans la phrase : « Paris, plus vaste que l'Océan, miroitait donc aux yeux d'Emma dans une atmosphère vermeille. »

▶ **3.** La vie d'Emma semble monotone, ordinaire et banale : elle reste chez elle, dîne avec son mari le soir. Seule la lecture (d'un plan ou de gazettes) et l'imagination lui permettent d'échapper à ce quotidien qu'elle juge ennuyeux.

▶ **4. a)** « Miroir » est un mot de la même famille que « miroitait ».
b) Le verbe peut être remplacé par ses synonymes, « scintillait » ou « brillait ».

> **Info +**
> Faire miroiter quelque chose à quelqu'un, c'est lui promettre un avantage, qu'il n'a en réalité aucune certitude d'obtenir.

c) Le verbe « miroitait » indique que Paris est pour Emma une image brillante, mais aussi inaccessible. Or, comme le reflet du miroir, cette image est sans doute imparfaite et trompeuse.

▶ **5.** Emma rêve de vivre une existence bouillonnante (« vie nombreuse », « tumulte ») et luxueuse (comme le montre la description des salons des ambassadeurs), mais également mondaine, joyeuse et fantaisiste, où elle côtoierait des artistes (« riait […] la foule bigarrée des gens de lettres », « pleins d'ambitions idéales et de délires fantastiques »).

▶ **6.** Au travers du personnage d'Emma, Flaubert semble dénoncer ici la tendance à se montrer insatisfait de ce que l'on a, pour se complaire dans des rêves de richesse et d'existence brillante. Toutefois, on peut également supposer que l'auteur déplore la vie solitaire et étriquée à laquelle est condamnée Emma.

▶ **7.** Aujourd'hui encore, beaucoup de magazines ou d'émissions mettent en avant la vie luxueuse, ou tumultueuse, des têtes couronnées et des célébrités ;

ce qui peut pousser les lecteurs à rêver de cet univers brillant, et à s'imaginer côtoyant des vedettes. Cette critique est donc encore d'actualité.

▶ **8.** La femme sur la photographie tient le tableau de *La Joconde* de manière très désinvolte, la tête en bas, sans soin particulier. De son autre main elle semble héler un taxi, rabaissant ainsi le célèbre tableau de Léonard de Vinci au statut d'emplette faite par une femme aisée de la capitale.

▶ **9.** Les deux documents mettent en avant des images de femmes attirées par le luxe et la vie mondaine et parisienne. L'art lui-même n'est qu'une manière d'assouvir cette soif de richesses : Emma lit les grands romanciers du XIXe siècle, mais uniquement pour s'imaginer dans les univers luxueux qu'ils décrivent ; *La Joconde* n'est plus le tableau le plus célèbre au monde, mais un objet de consommation qu'il est possible de s'offrir négligemment.

RÉÉCRITURE

Les modifications sont en couleur.

J'étudiai, dans Eugène Sue, des descriptions d'ameublements ; je lus Balzac et George Sand, y cherchant des assouvissements imaginaires pour mes convoitises personnelles. À table même, j'apportais mon livre, […] tournais les feuillets, pendant que Charles mangeait en me parlant.

2de partie • Rédaction et maîtrise de la langue

DICTÉE

POINT MÉTHODE

❶ Sois vigilant avec les déterminants *cet* et *nulle*, qui s'accordent avec le nom qu'ils déterminent : *univers* (masculin) et *part* (féminin).

❷ Ne confonds pas les homophones employés dans le texte : *où/ou* (= ou bien), *son/sont* (= étaient), et bien sûr *voix/voie* (= routes).

❸ Attention à l'accord des adjectifs : *droites* et *pures* qualifient les *voies* ; *désœuvrée* et *ravie* s'accordent avec *jeune femme*.

Brusquement la ville s'ouvrait sur une perspective, et Bérénice sortait de cet univers qui l'effrayait et l'attirait […]. Que c'est beau, Paris ! Là même où les voies sont droites, et pures, que de tournants… Nulle part à la campagne, le paysage ne change si vite ; nulle part, même dans les Alpes ou sur les bords de la mer ; il n'y a de si forts aliments pour le rêve d'une jeune femme désœuvrée, et ravie de l'être, et libre, libre de penser à sa guise, sans se surveiller, sans craindre de trahir sur son visage le fond de son cœur, de laisser échapper une phrase qu'elle regretterait parce qu'elle aurait fait du mal à quelqu'un…

TRAVAIL D'ÉCRITURE

Voici un exemple de rédaction sur chacun des deux sujets.
Attention les indications entre crochets ne doivent pas figurer sur ta copie.

Sujet A

[Titre] **Une destination corsée**

[Chapeau] La Corse, cette île qui se situe au large de la côte d'Azur, est réputée pour sa beauté. Pourtant, les visiteurs passent souvent à côté de ce qui fait le charme unique de cette terre si particulière : la variété de ses paysages et l'indépendance d'esprit de ses habitants.

> **Info +**
> Le titre de cet article consacré à la Corse joue ici sur sa proximité phonique avec le nom de l'île : *corsé* signifie consistant, puissant, voire complexe.

[Développement] La Corse séduit grâce à ses plages qui rappellent les Caraïbes. C'est cet atout majeur qui fait de l'île une destination de choix pour les vacances estivales. Les amateurs d'activités aquatiques peuvent pratiquer le *windsurf*, la plongée, la pêche ou encore le canoë. Mais la Corse présente d'autres atouts non négligeables.

Ainsi le relief montagneux offre des randonnées magnifiques et sauvages dans l'intérieur des terres, randonnées qui peuvent être pratiquées toute l'année, et non plus seulement l'été. De même, l'atmosphère qui règne dans les petits villages rendus déserts par le soleil trop fort, est d'une séduction évidente : les odeurs des plantes et les silhouettes de chats, seules rencontres possibles, laissent une impression merveilleuse.

Parallèlement, plane sur l'île l'ombre de Napoléon, dont le souvenir est vivace et dont de nombreux lieux portent la trace. Les Corses sont ainsi familiers du grand empereur, et agissent parfois avec cette majesté impériale qui fascine ou indigne le pauvre touriste. Le restaurateur d'un petit village est ainsi célèbre pour n'ouvrir son restaurant que lorsque cela lui chante : pour y manger, le visiteur de passage devra compter sur la chance ! Enfin c'est grâce à cette liberté d'esprit que la Corse fut, du temps où elle était indépendante, la première nation à accorder le droit de vote aux femmes… en 1755.

[Conclusion] Cette liberté revendiquée par rapport aux usages habituels est sans doute la spécificité la plus précieuse de cette île, qui par ailleurs ne manque pas d'atouts. Et ce sont bien ces particularités inattendues et parfois déroutantes qui font de la Corse un lieu unique et digne d'intérêt.

Dénoncer les travers de la société **CORRIGÉ 6**

Sujet B

[Introduction] Dans *Madame Bovary*, le personnage d'Emma, qui se sent prisonnière de la monotonie de sa vie, s'imagine avec délectation côtoyer des gens riches et célèbres, qu'elle n'a aucune chance de rencontrer, mais dont elle lit les occupations dans des gazettes et journaux pour femmes. Aujourd'hui encore, la vie des célébrités fascine toujours autant : le nombre de *followers* de certaines stars le prouve. Quelles sont donc les raisons de cette fascination ? Nous verrons que cet engouement cache d'abord un désir d'identification ; et que, par ailleurs, l'univers de luxe et de facilité dans lequel les vedettes évoluent fait souvent rêver.

[S'identifier] Lorsqu'on lit un livre, il nous arrive de nous projeter dans l'univers décrit et de nous imaginer à la place du héros et de l'héroïne. Le lecteur vit, à travers eux, des malheurs terribles et des joies extrêmes, qu'il ne connaît souvent pas dans la vie réelle. C'est peut-être sur le même principe que repose le goût d'une grande partie de la population pour les journaux et magazines qui relatent les succès et les déboires des célébrités. En s'identifiant à ces personnalités, on vit, en rêve, une vie plus rocambolesque, où les soucis du quotidien n'ont plus cours.

[Rêver] Par ailleurs, les stars ont des qualités ou des talents qui sont mis en valeur et qui suscitent l'admiration et l'envie. La beauté physique, la richesse, le succès les transforment en icônes, que l'on admire pour toutes ces qualités que l'on trouve rarement réunies à un tel degré dans notre vie quotidienne. Marilyn Monroe, par exemple, malgré sa fin tragique, a fait rêver des générations entières. Tout est fait pour que le lecteur aime ces célébrités et se réjouisse de leurs succès, comme si l'on avait besoin de modèles à admirer et à aimer.

> **Conseil**
> Tu peux prendre tes exemples dans différents domaines : cinéma, sport, chanson, familles royales...

[Conclusion] La vie des célébrités continue donc à fasciner les foules : porteuses de rêve, elles permettent, toujours, d'illuminer le quotidien de leurs paillettes. Il peut néanmoins sembler dangereux de leur accorder un intérêt démesuré, au détriment de sa propre vie, qui elle est réelle.

Sujet inédit • Dénoncer les travers de la société
50 points

Des expériences professionnelles traumatisantes

Ce sujet regroupe tous les exercices de français de la 2de épreuve écrite.

1re partie • Analyse et interprétation de textes et de documents (1 heure)

DOCUMENT A — Texte littéraire

La narratrice est embauchée dans une grande société japonaise et découvre les règles insolites qui la régissent.

Monsieur Saito me présenta brièvement à l'assemblée. Après quoi, il me demanda si j'aimais les défis. Il était clair que je n'avais pas le droit de répondre par la négative.

– Oui, dis-je.

5 Ce fut le premier mot que je prononçai dans la compagnie. Jusque-là, je m'étais contentée d'incliner la tête.

Le « défi » que me proposa monsieur Saito consistait à accepter l'invitation d'un certain Adam Johnson à jouer au golf avec lui, le dimanche suivant. Il fallait que j'écrive une lettre en anglais à ce 10 monsieur pour le lui signifier.

– Qui est Adam Johnson ? eus-je la sottise de demander.

Mon supérieur soupira avec exaspération et ne répondit pas. Était-il aberrant d'ignorer qui était monsieur Johnson, ou alors ma question était-elle indiscrète ? Je ne le sus jamais et ne sus jamais qui 15 était Adam Johnson.

L'exercice me parut facile. Je m'assis et écrivis une lettre cordiale : monsieur Saito se réjouissait de jouer au golf le dimanche suivant avec monsieur Johnson et lui envoyait ses amitiés. Je l'apportai à mon supérieur.

Monsieur Saito lut mon travail, poussa un petit cri méprisant et le déchira :

– Recommencez.

Je pensai que j'avais été trop aimable ou trop familière avec Adam Johnson et je rédigeai un texte froid et distant : monsieur Saito prenait acte de la décision de monsieur Johnson et conformément à ses volontés jouerait au golf avec lui.

Mon supérieur lut mon travail, poussa un petit cri méprisant et le déchira :

– Recommencez.

J'eus envie de demander où était mon erreur, mais il était clair que mon chef ne tolérait pas les questions, comme l'avait prouvé sa réaction à mon investigation au sujet du destinataire. Il fallait donc que je trouve par moi-même quel langage tenir au mystérieux Adam Johnson.

Je passai les heures qui suivirent à rédiger des missives à ce joueur de golf. Monsieur Saito rythmait ma production en la déchirant, sans autre commentaire que ce cri qui devait être un refrain. Il me fallait à chaque fois inventer une formulation nouvelle.

Il y avait à cet exercice un côté : « Belle marquise, vos beaux yeux me font mourir d'amour »[1] qui ne manquait pas de sel. J'explorai des catégories grammaticales en mutation : « Et si Adam Johnson devenait le verbe, dimanche prochain le sujet, jouer au golf le sujet et monsieur Saito l'adverbe ? Dimanche prochain accepte avec joie de venir adamjohnsoner un jouer au golf monsieur Saitoment. Et pan dans l'œil d'Aristote[2] ! »

Je commençais à m'amuser quand mon supérieur m'interrompit. Il déchira la énième lettre sans même la lire et me dit que mademoiselle Mori était arrivée.

Amélie Nothomb, *Stupeur et tremblements*, 1999, © Albin Michel.

---

1. Allusion au *Bourgeois gentilhomme* de Molière. Monsieur Jourdain demande à son maître de philosophie de l'aider à rédiger un mot doux destiné à une marquise en employant ces seuls mots : « Belle marquise, vos beaux yeux me font mourir d'amour », ce qui donne lieu à des phrases à la syntaxe déstructurée.
2. Philosophe grec qui pose les lois du raisonnement et fonde la logique comme instrument de précision du discours philosophique.

Dénoncer les travers de la société **SUJET 7**

DOCUMENT B — **Extrait du film *Les Temps modernes* de Charlie Chaplin (1936)**

Modern Times © Roy Export S.A.S. Scan Courtesy Cineteca di Bologna

DÉNONCER

QUESTIONS   **20 POINTS**

Les réponses doivent être entièrement rédigées.

Sur le texte littéraire (document A)

▶ **1.** Quelle tâche la narratrice doit-elle effectuer ? *(0,5 point)*

▶ **2. a)** En quoi les directives du supérieur sont-elles déroutantes ? *(0,5 point)*
b) Comment la narratrice réagit-elle ? *(1 point)*
c) Quel est l'effet produit ? *(1 point)*

▶ **3.** « Monsieur Saito rythmait ma production en la déchirant, sans autre commentaire que ce cri qui devait être un refrain. » (lignes 36-37) Pourquoi la narratrice associe-t-elle le cri à un refrain ? *(1 point)*

▶ **4. a)** Quel registre littéraire trouve-t-on dans cet extrait ? *(1 point)*
❑ Le registre dramatique.
❑ Le registre satirique.
❑ Le registre polémique.
b) Justifiez son emploi. *(1 point)*

▶ **5.** « Je passai les heures qui suivirent à rédiger des <u>missives</u> à ce joueur de golf. » (lignes 35-36)
a) Donnez au moins deux mots de la même famille que le mot souligné. *(1 point)*

b) Quel est le sens commun à tous ces mots ? *(0,5 point)*
c) Quel synonyme de ce mot trouve-t-on dans l'extrait ? *(0,5 point)*

▶ **6.** « Je passai les heures qui suivirent à rédiger des missives à ce joueur de golf. Monsieur Saito rythmait ma production en la déchirant, sans autre commentaire que ce cri qui devait être un refrain. Il me fallait à chaque fois inventer une formulation nouvelle. » (lignes 35 à 38)
a) Quels sont les temps des verbes soulignés ? *(2 points)*
b) Expliquez leur emploi. *(2 points)*

▶ **7.** Au moyen de quels suffixes la narratrice a-t-elle transformé des noms propres en verbe et adverbe ? (lignes 43-44) *(1 point)*

▶ **8.** Quelle image ce texte donne-t-il, selon vous, des conditions de travail dans une grande entreprise japonaise ? *(2 points)*

Sur le texte et la séquence filmique (documents A et B)

▶ **9. a)** Après avoir regardé l'extrait du film de Charlie Chaplin, *Les Temps modernes*, racontez brièvement ce qui arrive au personnage de Charlot. *(1,5 point)*
b) Selon vous, quelle signification peut-on donner à la scène ? *(1,5 point)*

▶ **10.** Selon vous, quels sont les éléments qui rapprochent le document audiovisuel et le texte ? *(2 points)*

2ᵈᵉ partie • Rédaction et maîtrise de la langue (2 heures)

DICTÉE   **5 POINTS**

Le titre, la source de l'extrait et les noms Yumimoto et Saito sont écrits au tableau au début de la dictée.

Amélie Nothomb
Stupeur et tremblements, 1999
© Albin Michel

Premier jour de travail

Un homme d'une cinquantaine d'années, petit, maigre et laid, me regardait avec mécontentement.

– Pourquoi n'aviez-vous pas averti la réceptionniste de votre arrivée ? me demanda-t-il.

Je ne trouvai rien à répondre et ne répondis rien. J'inclinai la tête et les épaules, constatant qu'en une dizaine de minutes, sans avoir prononcé un seul mot, j'avais déjà produit une mauvaise impression, le jour de mon entrée dans la compagnie Yumimoto.

L'homme me dit qu'il s'appelait monsieur Saito. Il me conduisit à travers d'innombrables et immenses salles, dans lesquelles il me présenta à des hordes de gens, dont j'oubliais les noms au fur et à mesure qu'il les énonçait.

RÉÉCRITURE — 5 POINTS

« Mon supérieur lut mon travail, poussa un petit cri méprisant et le déchira :
– Recommencez.
J'eus envie de demander où était mon erreur, mais il était clair que mon chef ne tolérait pas les questions, comme l'avait prouvé sa réaction à mon investigation au sujet du destinataire. »

Réécrivez ces lignes en mettant le groupe nominal « mon supérieur » au pluriel et procédez à toutes les modifications nécessaires.

TRAVAIL D'ÉCRITURE — 20 POINTS

Vous traiterez au choix le sujet A ou le sujet B.
Votre rédaction sera d'une longueur minimale d'une soixantaine de lignes (300 mots environ).

Sujet A

Vous avez eu, un jour, un défi à relever. Vous raconterez votre expérience, votre réussite ou votre échec et les sentiments que vous avez éprouvés.

Sujet B

Pensez-vous que le fait de fournir un travail soit uniquement synonyme d'effort et de contrainte, ou peut-il aussi procurer un certain plaisir et un enrichissement personnel ? Vous répondrez à cette question dans un développement argumenté en vous appuyant sur votre expérience, sur vos lectures et votre culture personnelle et les connaissances acquises dans l'ensemble des disciplines.

Dénoncer les travers de la société **SUJET 7**

LES CLÉS DU SUJET

■ Les documents

Le texte littéraire (document A)
Stupeur et tremblements raconte comment Amélie, une jeune Belge amoureuse du Japon, décroche un contrat dans une prestigieuse entreprise nippone. Cette expérience va se révéler particulièrement déstabilisante.

L'image (document B)
Dans le film de Charlie Chaplin, *Les Temps modernes*, Charlot, le célèbre personnage créé et interprété par le cinéaste, lutte pour survivre dans le monde industrialisé. Dans la séquence, Charlie Chaplin se livre à une satire du travail à la chaîne et critique l'exploitation des ouvriers dans le contexte de la crise de 1929.

■ Travail d'écriture (Sujet A)

Recherche d'idées
Demande-toi dans quel domaine tu as eu à relever un défi : ce peut être dans le domaine sportif, artistique, scolaire… Rien ne t'empêche d'en inventer un : il s'agit d'un sujet d'invention qui fait appel aussi à l'imagination.

Conseils de rédaction
• Commence par présenter les circonstances dans lesquelles le défi a été relevé.
• Prends le temps ensuite de le raconter en faisant la part belle au suspense.
• Comme Amélie Nothomb, tu peux faire preuve d'humour et chercher à rendre ton récit amusant.

■ Travail d'écriture (Sujet B)

Recherche d'idées
• Interroge-toi sur ton rapport au travail. Est-ce pour toi uniquement une contrainte ou quelque chose qui t'apporte une certaine satisfaction, voire un sentiment d'épanouissement ?
• N'envisage pas seulement le travail scolaire, réfléchis à d'autres domaines : entraînement sportif, exercices nécessaires à la pratique d'un instrument de musique, répétitions théâtrales, apprentissage des techniques du bricolage… Tu peux aussi faire appel ce que tu connais du monde professionnel.

Conseils de rédaction
- Dans l'introduction, commence par présenter la question.
- Tu peux organiser ton devoir en deux parties :
– les aspects négatifs du travail : travail fastidieux, répétitif comme celui exercé par Charlot, travail pénible, voire dangereux…
– les aspects positifs, enrichissants : le travail scolaire comme source de connaissances et de savoir-faire, la création d'un objet, d'une œuvre artistique, les emplois dans l'humanitaire…
- N'oublie pas de donner des exemples pour illustrer ton propos.
- Dans la conclusion, tu peux faire le bilan entre les aspects négatifs et positifs du travail.

CORRIGÉ 7

1re partie • Analyse et interprétation de textes et de documents

QUESTIONS

▶ **1.** La narratrice doit **écrire une lettre** pour répondre à une invitation à jouer au golf adressée à son supérieur.

▶ **2. a)** Les directives du supérieur de la narratrice sont déroutantes, car il se contente de lui demander de recommencer **sans aucune explication** sur les erreurs commises.

b) Tout d'abord, la narratrice **s'étonne** et s'interroge, puis elle choisit de s'en amuser et réagit avec **humour**.

c) L'effet produit est **comique**. Il s'agit d'un comique de répétition.

▶ **3.** Le cri de monsieur Saito, **répété** après chaque nouvelle tentative infructueuse, est comme un refrain repris entre chaque couplet d'une chanson.

▶ **4. a)** Il s'agit du **registre satirique**.

b) Amélie Nothomb se livre à une critique pleine d'humour de la société japonaise et des règles en apparence absurdes qui régissent les grandes entreprises nippones, lorsqu'elles sont vues ou vécues par des Occidentaux.

Dénoncer les travers de la société **CORRIGÉ 7**

▶ **5. a)** Les mots suivants appartiennent à la même famille que missive : mission, missionnaire, missile, émission, émissaire.

b) Le sens commun à tous ces mots est qu'il s'agit de choses ou de personnes que l'on envoie ou encore de l'action d'envoyer.

c) Le synonyme de *missive* est *lettre*.

> **Info +**
> *Missive* vient du latin *missus*, participe passé de *mittere*, « envoyer ».

▶ **6. a)** Les verbes soulignés sont à l'imparfait (*rythmait, devait, fallait*) et au passé simple (*passai, suivirent*).

b) Ce sont deux temps du passé. Les verbes au passé simple expriment des actions achevées, qui ont lieu à un moment donné, « durant les heures qui suivirent ». Les verbes à l'imparfait expriment des actions qui se répètent (*à chaque fois*).

▶ **7.** La narratrice a transformé le premier nom propre en verbe en lui adjoignant le suffixe *–er* (« adamjohnsoner ») et le deuxième en adverbe à l'aide du suffixe *–ment* (« saitoment »).

▶ **8.** Ce texte donne une image dévalorisante des conditions de travail dans la grande société japonaise : la jeune narratrice se retrouve dans un univers en apparence hostile où semble régner l'absence de communication. Son supérieur se montre méprisant et refuse de lui donner la moindre directive. Il ne semble pas de bon ton de poser des questions. Son travail finit par lui sembler absurde. Elle aurait pu être gravement déstabilisée mais, dans cet extrait, elle réagit avec humour.

> **Zoom**
> Un suffixe s'ajoute à la racine ou au radical d'un mot pour constituer un nouveau mot appelé dérivé. Contrairement au préfixe, le suffixe modifie la catégorie grammaticale du mot de base : *flatter* = verbe → *flatterie* = nom, *flatteur* = adjectif → *flatteusement* = adverbe.

▶ **9. a)** L'extrait du film *Les Temps modernes* nous montre Charlot occupé à visser des écrous sur une chaîne de production dans une usine. Le rythme s'accélère jusqu'à ce que Charlot soit avalé par la machine. Le sourire du personnage est trompeur : le travail à la chaîne l'a rendu fou.

b) La séquence du film montre la puissance de la machine qui annihile la personnalité des ouvriers contraints à des tâches répétitives et à des cadences de travail inhumaines dans le seul but de gagner en productivité et en profit pour l'entreprise.

▶ **10.** Dans les deux cas, les personnages – la narratrice et Charlot – sont confrontés à des tâches morcelées et répétitives qui semblent dépourvues de sens. De même que Charlot n'a aucune idée de ce qu'il contribue à produire, de même la narratrice ne comprend pas très bien ce que l'on attend d'elle.

2ᵈᵉ partie • Rédaction et maîtrise de la langue

DICTÉE

> **POINT MÉTHODE**
>
> ❶ Il ne faut pas confondre l'imparfait et le passé simple lorsqu'il s'agit de verbes du premier groupe conjugués à la première personne du singulier (*oubliais* = imparfait, *trouvai* et *inclinai* = passé simple). Pour éviter la confusion, remplace la première personne par la troisième (*il trouva, il inclina ≠ il oubliait*).
>
> ❷ Attention à ne pas oublier la cédille sous le c d'*énonçait*. Pour obtenir le son [s], il faut mettre une cédille sous le *c* devant un *a*, un *o* ou un *u*.

Un homme d'une cinquantaine d'années, petit, maigre et laid, me regardait avec mécontentement.

– Pourquoi n'aviez-vous pas averti la réceptionniste de votre arrivée ? me demanda-t-il.

Je ne trouvai rien à répondre et ne répondis rien. J'inclinai la tête et les épaules, constatant qu'en une dizaine de minutes, sans avoir prononcé un seul mot, j'avais déjà produit une mauvaise impression, le jour de mon entrée dans la compagnie Yumimoto.

L'homme me dit qu'il s'appelait monsieur Saito. Il me conduisit à travers d'innombrables et immenses salles, dans lesquelles il me présenta à des hordes de gens, dont j'oubliais les noms au fur et à mesure qu'il les énonçait.

RÉÉCRITURE

Les modifications sont mises en couleur.

« M**es** supérieur**s** lu**rent** mon travail, pouss**èrent** un petit cri méprisant et le déchir**èrent** :

– Recommencez.

J'eus envie de demander où était mon erreur, mais il était clair que m**es** chef**s** ne toléra**ient** pas les questions, comme l'avait prouvé **leur** réaction à mon investigation au sujet du destinataire. »

> **Attention !**
> Il faut mettre non seulement « mon supérieur » mais aussi « mon chef » au pluriel, puisqu'il s'agit de la même personne.
> *Cri* et *réaction* peuvent être mis au pluriel ou laissés au singulier.

TRAVAIL D'ÉCRITURE

Voici un exemple de rédaction sur chacun des deux sujets.
Attention les titres en couleur ne doivent pas figurer sur ta copie.

Sujet A

[Présentation du défi] Ce matin-là, j'avais décidé de combattre ma timidité en relevant un défi en apparence insurmontable pour moi : monter sur les planches. Je décidai donc de m'inscrire à un cours de théâtre.

[Mise en œuvre du défi] Je me rendis dans le centre d'animation de mon quartier et je me retrouvai sur la scène d'un petit théâtre devant un personnage impressionnant qui se révéla être le professeur d'art dramatique.

> **Attention !**
> Si tu choisis, comme ici, d'employer les temps du passé, sois vigilant pour la conjugaison du passé simple, en particulier pour la première personne du singulier (*ai* ≠ *ais*).

– Peux-tu nous dire un texte de ton choix ? l'entendis-je me demander.

Prise de court, je balbutiai :

– Maître Corbeau sur un arbre perché…

– Parle plus fort, m'intima-t-il d'une voix de stentor. On ne t'entend pas !

Je pris mon courage à deux mains et répétai d'une voix un peu plus forte :

– Maître Corbeau sur un arbre perché…

– Articule ! m'ordonna la voix de stentor.

– Maî-tre cor-beau sur un ar-bre per-ché, répétai-je en essayant de détacher les syllabes. J'étais terrorisée. J'aurais aimé m'enfuir, mais j'étais comme paralysée. Je sentais tous les regards fixés sur moi malgré les projecteurs qui m'éblouissaient.

> **Conseil**
> Tu peux utiliser le comique de répétition pour rendre ton texte plaisant à lire.

– Reprends sans regarder tes pieds, entendis-je encore clamer la voix de stentor.

– Maître Cor…

Ma voix se brisa et mes yeux se remplirent de larmes. Je me sentais ridicule.

[Réussite du défi] Alors je me révoltai et hurlai au professeur :

– Je ne suis pas venue pour me faire humilier. Je n'ai jamais fait de théâtre. Je voulais vaincre ma timidité. Je pensais que c'était une bonne idée, mais je vois que je me suis trompée.

Étrangement, ma voix était devenue forte et je n'avais plus peur.

– Tu vois quand tu veux ! me félicita le professeur. Reprends la fable.

– Maître Corbeau sur un arbre perché…

Ma voix retentit à mes oreilles, claire et forte. Je pris plaisir à dire les vers de La Fontaine, à jouer tour à tour le vaniteux corbeau et le rusé flatteur ; je sentais la présence du public et son écoute attentive. J'étais bien dans le rond de lumière des projecteurs.

[Conclusion] Lorsque je me tus, tout le monde applaudit et je me permis un petit salut. Non seulement j'avais relevé avec succès le défi que je m'étais lancé, mais j'avais en plus trouvé ma vocation : je serai comédienne.

Sujet B

[Introduction] Le travail est généralement considéré comme une contrainte. On l'oppose souvent aux loisirs qui sont associés à la détente et au plaisir. Mais les choses sont-elles aussi simples ? Le travail n'est-il réellement qu'un effort pénible ?

[Aspects négatifs du travail] Bien sûr, si l'on songe à l'esclavage, au travail répétitif et fastidieux des ouvriers sur les chaînes de montage ou à l'exploitation révoltante des enfants dans le monde, il est impossible d'affirmer que le travail est un épanouissement. Il peut être dévalorisant, déshumanisant, voire dégradant. Dans nos sociétés occidentales, il conduit parfois à la dépression, au *burn-out*.

[Aspects positifs du travail] Cependant, le travail peut se présenter sous bien d'autres formes. Prenons le cas du travail scolaire : c'est avant tout une chance donnée aux jeunes de s'enrichir, de développer leurs capacités intellectuelles. Bien sûr, apprendre une leçon, ne pas baisser les bras devant un exercice de mathématiques difficile demande un réel effort, mais la réussite au contrôle, la découverte de la solution du problème apporte un vrai sentiment de satisfaction.

Conseil
Pour introduire un argument qui s'oppose au précédent, emploie des connecteurs logiques qui marquent l'opposition : *cependant, mais, or…*

D'ailleurs, les loisirs demandent aussi leur lot d'efforts et de contraintes. Ainsi, pour réussir et s'épanouir dans un sport, ne faut-il pas de longues heures d'entraînement ? Pour prendre plaisir à courir longtemps, ne faut-il pas savoir dépasser sa douleur ? Pour jouer d'un instrument de musique, combien d'heures de répétition nécessaires ! Mais au bout de tous ces efforts, quelle jouissance que de marquer un but ou de saluer sous les applaudissements !

[Conclusion] Le travail, s'il apparaît tout d'abord comme une contrainte, peut devenir une véritable source d'épanouissement et même de plaisir.

SUJET 8

Sujet inédit • Agir dans la cité : individu et pouvoir
50 points

Une insoumise

Ce sujet regroupe tous les exercices de français de la 2de épreuve écrite.

1re partie • Analyse et interprétation de textes et de documents (1 heure)

DOCUMENT A — Texte littéraire

Anouilh revisite le mythe antique d'Antigone, fille d'Œdipe, déjà raconté par le dramaturge grec Sophocle. Les deux frères d'Antigone, Étéocle et Polynice, se sont entretués pour accéder au pouvoir. Créon, le nouveau roi, refuse que Polynice, le cadet, soit enterré. Quiconque bravera cet interdit sera condamné à mort.

CRÉON (*à Antigone*). – Où t'ont-ils arrêtée ?

LE GARDE. – Près du cadavre, chef.

CRÉON. – Qu'allais-tu faire près du cadavre de ton frère ? Tu savais que j'avais interdit de l'approcher.

5 LE GARDE. – Ce qu'elle faisait, chef ? C'est pour ça qu'on vous l'amène. Elle grattait la terre avec ses mains. Elle était en train de le recouvrir encore une fois.

CRÉON. – Sais-tu bien ce que tu es en train de dire, toi ?

LE GARDE. – Chef, vous pouvez demander aux autres. On avait
10 dégagé le corps à mon retour ; mais avec le soleil qui chauffait, comme il commençait à sentir, on s'était mis sur une petite hauteur, pas loin, pour être dans le vent. On se disait qu'en plein jour on ne risquait rien. Pourtant on avait décidé, pour être plus sûrs, qu'il y en aurait toujours un de nous trois qui le regarderait. Mais à midi, en
15 plein soleil, et puis avec l'odeur qui montait depuis que le vent était tombé, c'était comme un coup de massue. J'avais beau écarquiller les yeux, ça tremblait comme de la gélatine, je voyais plus. Je vais au camarade lui demander une chique pour passer ça… Le temps que je me la cale à la joue, chef, le temps que je lui dise merci, je me
20 retourne : elle était là à gratter avec ses mains. En plein jour ! Elle

Agir dans la cité : individu et pouvoir **SUJET 8**

devait bien penser qu'on ne pouvait pas ne pas la voir. Et quand elle a vu que je lui courais dessus, vous croyez qu'elle s'est arrêtée, qu'elle a essayé de se sauver peut-être ? Non. Elle a continué de toutes ses forces aussi vite qu'elle le pouvait, comme si elle ne me voyait pas
25 arriver. Et quand je l'ai empoignée, elle se débattait comme une diablesse, elle voulait continuer encore, elle me criait de la laisser, que le corps n'était pas encore recouvert…

CRÉON (*à Antigone*). – C'est vrai ?

ANTIGONE. – Oui, c'est vrai.

30 LE GARDE. – On a découvert le corps, comme de juste, et puis on a passé la relève, sans parler de rien, et on est venu vous l'amener, chef. Voilà.

CRÉON. – Et cette nuit, la première fois, c'était toi aussi ?

ANTIGONE. – Oui. C'était moi. Avec la petite pelle de fer qui
35 nous servait à faire des châteaux de sable sur la plage, pendant les vacances. C'était justement la pelle de Polynice. Il avait gravé son nom au couteau sur le manche. C'est pour cela que je l'ai laissée près de lui. Mais ils l'ont prise. Alors, la seconde fois, j'ai dû recommencer avec mes mains.

40 LE GARDE. – On aurait dit une petite bête qui grattait. Même qu'au premier coup d'œil, avec l'air chaud qui tremblait, le camarade dit : « Mais non, c'est une bête. » « Penses-tu, je lui dis, c'est trop fin pour une bête. C'est une fille. »

CRÉON. – C'est bien. On vous demandera peut-être un rapport
45 tout à l'heure. Pour le moment, laissez-moi seul avec elle. […]

Les gardes sont sortis […]. *Créon et Antigone sont seuls l'un en face de l'autre.* […] *Un silence. Ils se regardent.*

CRÉON. – Pourquoi as-tu tenté d'enterrer ton frère ?

ANTIGONE. – Je le devais.

50 CRÉON. – Je l'avais interdit.

ANTIGONE. – Je le devais tout de même. Ceux qu'on n'enterre pas errent éternellement sans jamais trouver de repos. Si mon frère vivant était rentré harassé d'une longue chasse, je lui aurais enlevé ses chaussures, je lui aurais fait à manger, je lui aurais préparé son
55 lit… Polynice aujourd'hui a achevé sa chasse. Il rentre à la maison où mon père et ma mère, et Étéocle aussi l'attendent. Il a droit au repos. […]

CRÉON. – Tu savais le sort qui était promis à celui, quel qu'il soit, qui oserait lui rendre les honneurs funèbres ?

60 ANTIGONE. – Oui, je le savais.

Jean Anouilh, *Antigone*, 1944, © Éditions de la Table ronde.

DOCUMENT B

Bruno Raffaelli et Françoise Gillard apparaissent ici dans la mise en scène de la pièce d'Anouilh par Marc Paquien, au théâtre du Vieux-Colombier (Comédie-Française), en septembre-octobre 2012.

QUESTIONS   **20 POINTS**

Les réponses doivent être entièrement rédigées.

Sur le texte littéraire (document A)

▶ **1.** À quel genre littéraire ce texte appartient-il ? Soyez le plus précis possible et justifiez votre réponse à l'aide du texte. *(3 points)*

▶ **2. a)** Quelle tâche Antigone s'impose-t-elle ? *(1 point)*
b) Pourquoi ? *(1 point)*
c) Quelle peine encourt-elle ? *(1 point)*

▶ **3.** Quel est le niveau de langage employé par le garde ? Justifiez votre réponse au moyen d'éléments relevés dans le texte. *(2 points)*

▶ **4.** « […] le camarade dit : "Mais non, c'est une bête." "Penses-tu, je lui dis, c'est trop fin pour une bête. C'est une fille." » (lignes 41 à 43)
a) De quelle façon les paroles échangées par les deux gardes sont-elles rapportées ? *(1 point)*
b) À votre avis, pourquoi ce choix ? *(2 points)*

▶ **5.** Que pensez-vous de l'attitude d'Antigone ? A-t-elle raison, selon vous, de refuser d'obéir au pouvoir en place ? Justifiez votre réponse en vous appuyant sur le texte mais aussi sur une réflexion personnelle et des exemples historiques. *(3 points)*

Sur le texte et l'image (documents A et B)

▶ **6.** Observez la photographie. Quels sont les choix du metteur en scène concernant le décor, les costumes, l'attitude des personnages ? *(3 points)*

▶ **7.** Ces choix correspondent-ils à l'idée que vous vous faites des personnages et de la scène entre Antigone et Créon ? *(3 points)*

2ᵈᵉ partie • Rédaction et maîtrise de la langue (2 heures)

DICTÉE 5 POINTS

Le titre et la source de l'extrait sont écrits au tableau au début de la dictée.

Jean Anouilh
Antigone, 1944
© Éditions de la Table ronde

Une jeune révoltée

Comprendre… Vous n'avez que ce mot-là dans la bouche, tous, depuis que je suis toute petite. Il fallait comprendre qu'on ne peut pas toucher à l'eau, à la belle et fuyante eau froide parce que cela mouille les dalles, à la terre parce que cela tache les robes. Il fallait comprendre qu'on ne doit pas manger tout à la fois, donner tout ce qu'on a dans ses poches au mendiant qu'on rencontre, courir, courir dans le vent jusqu'à ce qu'on tombe par terre et boire quand on a chaud et se baigner quand il est trop tôt ou trop tard, mais pas juste quand on en a envie ! Comprendre. Toujours comprendre. Moi, je ne veux pas comprendre.

RÉÉCRITURE 5 POINTS

« Elle a continué de toutes ses forces aussi vite qu'elle le pouvait, comme si elle ne me voyait pas arriver. Et quand je l'ai empoignée, elle se débattait comme une diablesse. »

Réécrivez le passage en remplaçant « elle » par « elles » et en procédant à toutes les modifications nécessaires.

Agir dans la cité : individu et pouvoir **SUJET 8**

TRAVAIL D'ÉCRITURE   **20 POINTS**

Vous traiterez au choix le sujet A ou le sujet B.
Votre rédaction sera d'une longueur minimale d'une soixantaine de lignes (300 mots environ).

Sujet A

Vous avez été amené(e) à vous opposer à une injustice. Vous commencerez par exposer les circonstances de cette expérience. Vous ferez part de vos réflexions, de vos sentiments et surtout des arguments que vous avez employés pour convaincre vos interlocuteurs.

Sujet B

Imaginez le monologue théâtral d'Antigone parlant à son frère défunt pendant qu'elle tente de recouvrir son corps de terre en lui expliquant les raisons de son geste. Vous respecterez la présentation d'une scène de théâtre et vous introduirez quelques didascalies pour indiquer le ton ou les gestes d'Antigone.

LES CLÉS DU SUJET

■ Les documents

Le texte littéraire (document A)
Anouilh revisite le mythe antique d'Antigone. Il écrit cette pièce durant la Seconde Guerre mondiale, sous l'occupation allemande : ce contexte donne un éclairage particulier au mythe : comment ne pas associer l'attitude d'Antigone à celle des résistants et à leur refus d'obéissance au gouvernement de Vichy, parfois au sacrifice de leur vie ?

L'image (document B)
Dans cette mise en scène Marc Paquien, fait le choix de la modernité : les costumes sont actuels et non antiques ; Créon ne possède aucun attribut royal ; le décor est dépouillé.

■ Travail d'écriture (Sujet A)

Recherche d'idées
• Décide d'abord de quelle injustice tu veux parler (harcèlement, racket, racisme, etc.). Tu peux t'inspirer d'une expérience vécue ou en imaginer une à partir de reportages ou d'articles que tu as vus/lus.
• Choisis ensuite tes arguments : lâcheté, refus de l'autre, de ses différences, non-assistance à personne en danger…
• Choisis aussi tes interlocuteurs : camarades de classe, voisins, personnes croisées dans un lieu public…

Conseils de rédaction
- Commence par présenter l'injustice en question et tes sentiments à ce sujet (malaise, tristesse, dégoût, révolte…).
- Précise les circonstances de ton intervention : heure de vie de classe, cour de récréation, lieu public…
- Présente ensuite tes arguments de façon structurée.
- Conclus par l'effet de ton intervention sur ton auditoire.

■ **Travail d'écriture (Sujet B)**

Recherche d'idées
- Demande-toi quelle pouvait être la relation qui unissait Antigone à son frère (tendresse, admiration, connivence…).
- Tu dois t'inspirer des arguments employés par Antigone dans l'extrait pour expliquer son geste : qu'il faut accomplir les rites, que c'est son devoir de sœur, qu'un corps sans sépulture ne trouvera jamais le repos.

Conseils de rédaction
- Puise à la fois dans le champ lexical des sentiments (chéri, chérir, aimer, tendre, douleur, déchirement…) et dans celui du devoir (nécessité, tâche, rôle, obligation, promesse…).
- N'oublie pas la présence des gardes à proximité : cela te permettra d'introduire un sentiment d'urgence et de danger.

CORRIGÉ 8

1ʳᵉ partie • Analyse et interprétation de textes et de documents

QUESTIONS

▶ **1.** Ce texte est une **scène de théâtre**, comme le montrent les noms des personnages placés devant les répliques et les **didascalies** en italique.

Elle est extraite d'une **tragédie** antique revisitée par un auteur moderne. Les personnages sont de **condition royale**, à l'exception du garde.

Il y est question de **devoir**, de **vie** et de **mort**. Le **dénouement de la pièce s'annonce fatal** : l'héroïne est prête à sacrifier sa vie pour ne pas renoncer à ce qu'elle pense être son devoir.

Agir dans la cité : individu et pouvoir **CORRIGÉ 8**

▶ **2. a)** Antigone tente de recouvrir de terre le corps de son frère Polynice, laissé sans sépulture sur l'ordre du roi Créon.
b) Elle s'impose cette tâche, car elle veut que Polynice trouve le repos dans la mort : elle considère que cela relève de **son devoir de sœur**.
c) Elle encourt la **peine de mort**.

▶ **3.** Le garde s'exprime dans un niveau de langage **familier**. Il emploie des constructions et des expressions familières, comme par exemple l'oubli du premier élément de la négation : « je voyais plus » à la place de « je ne voyais plus ». Ou bien encore : « Je vais au camarade lui demander une chique pour passer ça. »

▶ **4. a)** Les paroles sont rapportées au **discours direct**, telles qu'elles ont été prononcées, entre guillemets.
b) Cela rend la scène **plus vivante**, plus naturelle et conserve au dialogue des gardes toute sa truculence.

▶ **5.** On peut bien sûr penser que le geste d'Antigone est inutile face à l'intransigeance de Créon. Son sacrifice peut sembler vain : elle devrait plutôt choisir de vivre. Cependant, s'il n'existait pas d'Antigone pour s'opposer à l'inacceptable, que serait le monde dans lequel nous vivons ? Ainsi, le sacrifice des résistants ou les risques pris par certains Français pour protéger des familles juives pendant la Seconde Guerre mondiale ne doivent pas être oubliés.
Sans aller jusqu'au sacrifice de sa vie, il faut être capable de ne pas se laisser aller à de petites lâchetés et de ne pas se taire lorsque l'on est témoin d'une injustice, d'un racket ou d'une agression par exemple.

▶ **6.** Dans cette version d'*Antigone*, le metteur en scène a opté pour un **décor simple**, dépouillé, dans des teintes de gris.
Les **costumes** sont modernes : Antigone porte un pantalon gris et une chemise d'homme, et les cheveux courts à la garçonne. Créon est en costume-cravate, mais sans sa veste, en bras de chemise et bretelles, la cravate de travers. Rien ne rappelle ses fonctions de roi, ni sceptre ni couronne.
Antigone, derrière Créon, semble révoltée et déterminée. Son visage exprime une sensibilité à fleur de peau, à la fois souffrance et conviction. Créon, lui, semble fatigué, accablé par sa tâche de roi et par son impuissance à faire entendre raison à la jeune insoumise.

▶ **7.** Bien sûr, il existe bien d'autres possibilités de mise en scène : certains pourront préférer des costumes antiques, d'autres insisteront sur le contexte de l'occupation nazie. Cependant, cette version épurée, pleine de sobriété, nous emmène au plus proche de l'universalité du mythe.

Agir dans la cité : individu et pouvoir **CORRIGÉ 8**

2de partie • Rédaction et maîtrise de la langue

DICTÉE

> **POINT MÉTHODE**
>
> ❶ Attention aux **terminaisons verbales**. Tu ne dois pas confondre :
>
> – la deuxième personne du pluriel du **présent de l'indicatif** : *vous n'av**ez*** ;
>
> – la troisième personne du singulier de l'**imparfait** : *il fall**ait*** (action **passée**) ;
>
> – l'**infinitif** des verbes du premier groupe : *touch**er**, mang**er**, donn**er**, se baign**er***.
>
> ❷ Ne confonds pas les **homophones** : *ce* et *se* ; *a* et *à*.

Comprendre… Vous n'av**ez** que ce mot-là dans la bouche, tous, depuis que je suis toute petite. Il fall**ait** comprendre qu'on ne peut pas touch**er** **à** l'eau, **à** la belle et fuyante eau froide parce que cela mouille les dalles, **à** la terre parce que cela tache les robes. Il fall**ait** comprendre qu'on ne doit pas mang**er** tout **à** la fois, donn**er** tout **ce** qu'on **a** dans ses poches au mendiant qu'on rencontre, courir, courir dans le vent jusqu'**à ce** qu'on tombe par terre et boire quand on **a** chaud et **se** baign**er** quand il est trop tôt ou trop tard, mais pas juste quand on en **a** envie ! Comprendre. Toujours comprendre. Moi, je ne veux pas comprendre.

RÉÉCRITURE

Les modifications sont mises en couleur.

« Elle**s** **ont** continué de toutes **leurs** forces aussi vite qu'elle**s** le pouvai**ent**, comme si elle**s** ne me voyai**ent** pas arriver. Et quand je **les** ai empoigné**es**, elle**s** se débattai**ent** comme **des** diablesse**s**. »

> **Attention !**
> Le participe passé *empoignées* est employé avec l'auxiliaire *avoir* et s'accorde donc avec le pronom COD *les,* féminin pluriel.

TRAVAIL D'ÉCRITURE

Voici un exemple de rédaction sur chacun des deux sujets.
Attention les titres en couleur ne doivent pas figurer sur ta copie.

Sujet A

[Présentation de l'injustice et des sentiments ressentis] L'an dernier, j'ai été témoin d'une injustice : un nouvel élève était arrivé dans la classe ; très vite, il est devenu le bouc émissaire de tous. Pour moi, la situation était intolérable : je ne supporte pas les injustices. Aussi, ai-je décidé d'en parler. Ce n'était pas facile, car je suis plutôt timide. Cependant, je n'avais pas le choix : cela me tourmentait, m'empêchait de dormir. Je ne voulais pas être témoin et encore moins complice d'un tel acharnement.

[Les circonstances de la prise de parole] Un jour, à l'heure de la vie de classe, j'ai pris mon courage à deux mains et j'ai décidé de prendre la parole. J'ai commencé par parler d'*Antigone*, la pièce d'Anouilh que nous étions en train d'étudier. J'ai rappelé à mes camarades qu'il fallait parfois savoir dire non. Nous en étions tous d'accord. Eh bien, le moment était venu d'en faire nous-mêmes l'expérience.

> **Conseil**
> Varie les moyens de rapporter les paroles : discours indirect, discours indirect libre et discours direct. N'oublie pas les guillemets au discours direct.

[1er argument : les différences de chacun sont source de richesse] « Nous ne pouvons plus continuer à harceler Paul, ai-je dit. C'est l'un des nôtres. Nous sommes tous différents, c'est ce qui fait la richesse de notre classe. Apprenons à mieux le connaître.

[2e argument : s'attaquer à plus faible que soi est lâche et cruel] De plus, ai-je continué, c'est lâche de s'en prendre à quelqu'un de plus faible, qui est seul contre tous. C'est tellement facile ! On dirait une meute de chiens qui s'acharne sur une proie. En réalité, c'est vous qui êtes faibles, sans honneur, sans dignité. »

Quelques rires ont fusé, quelques plaisanteries ont été lancées, mais très vite le silence s'est fait.

[3e argument : le harcèlement peut mettre en danger de la vie d'autrui] « Et surtout, je refuse d'être complice : Paul est absent aujourd'hui, comme souvent. Il semble profondément affecté par toutes les méchancetés qu'il subit sans cesse. J'ai peur pour lui. N'avez-vous pas vu à la télévision la campagne contre le harcèlement : les conséquences peuvent être tragiques et nous serons tous coupables. »

[Conclusion] Alors, d'autres ont pris la parole. Nous avons décidé de téléphoner, d'envoyer des textos ou des mails le soir même à Paul pour lui demander de nous excuser.

Sujet B

[Évocation des souvenirs heureux, de la complicité passée] ANTIGONE *(penchée sur le corps de son frère)* Polynice, mon frère, toi qui as partagé mes secrets, toi qui m'as initiée aux jeux les plus intrépides, toi qui m'as tiré les cheveux quand nous nous disputions, mais qui savais aussi me protéger, comment pourrais-je t'abandonner, solitaire et rejeté de tous,

> **Attention !**
> Place bien le nom du personnage devant sa tirade sans guillemets ni verbe introducteur et pense aux didascalies.

Agir dans la cité : individu et pouvoir **CORRIGÉ 8**

condamné à être dévoré par les corbeaux, sous les yeux de ces deux gardes stupides qui ne savent qu'obéir ? *(Elle regarde dans leur direction)* Il faut que je fasse vite avant d'être découverte.

[Explication, justification de son geste] De toute façon, je préfère braver la mort que de vivre avec le remords de t'avoir renié : comment pourrais-je profiter du jour, de la caresse du soleil, de la douceur de la pluie, de la sérénité de la nuit, si je te sais errant sans sépulture dans les ténèbres de la mort ? Et si ta sœur,

> **Conseil**
> N'oublie pas de faire allusion aux gardes qui peuvent à tout moment arrêter Antigone.

ta petite Antigone, ne le fait pas, qui le fera ? *(Chuchotant d'une voix douce)* Regarde, j'ai pris la petite pelle sur laquelle papa avait gravé ton nom et avec laquelle nous faisions des châteaux dans le sable. Je te revois, les cheveux pleins de sel et le corps hâlé. Tu étais mon héros, j'étais ta princesse.

[Révolte d'Antigone devant la mort de ses frères] Quelle tristesse que ce pouvoir maudit vous ait poussés à vous battre à mort, vous, mes deux frères chéris, Polynice et Étéocle ! Quelle est cette soif dévorante qui a fait se déchirer deux frères jadis si complices ?

[Dernière promesse] Dors en paix, mon Polynice. Et ne t'inquiète pas, s'ils viennent te découvrir, je reviendrai, s'ils m'emmènent, je m'échapperai et s'ils m'enferment, je serai là par la pensée. Antigone sera toujours avec toi.

SUJET 9

Sujet zéro • Série professionnelle
50 points

L'armée des ombres

1re partie • Analyse et interprétation de textes et de documents (1 heure)

DOCUMENT A — **Texte littéraire**

Une mission qui mena Jean-François à Paris lui montra combien il était formé et pris par la vie clandestine.

Quand Jean-François débarqua à la gare de Lyon[1], il portait une valise qui contenait un poste-émetteur[2] anglais, parachuté quelques
5 jours auparavant dans un département du centre. Un homme pris avec un pareil bagage était voué à mourir dans les tortures.

Or, ce matin-là, des agents de la Gestapo et de la Feldgendarmerie[3] contrôlaient tous les colis à la sortie de la gare.

Jean-François n'eut pas le temps de réfléchir. Près de lui un
10 enfant aux gros genoux, aux mollets grêles[4], trottait péniblement derrière une femme âgée. Jean-François prit l'enfant contre sa poitrine et tendit en même temps sa valise à un soldat allemand qui s'en allait les bras ballants.

— Porte ça, mon vieux, dit Jean-François en souriant. Je n'y arri-
15 verai jamais seul.

Le soldat allemand regarda Jean-François, sourit aussi, prit la valise et passa sans examen. Quelques instants après, Jean-François était assis dans un compartiment de métro, sa valise entre les jambes.

Mais la matinée n'était pas bonne. À la station où Jean-François
20 s'arrêta, il trouva un nouveau barrage formé, cette fois, par la police française. Jean-François dut ouvrir sa valise.

— Qu'est-ce que vous avez là ? demanda l'agent.

— Vous le voyez bien, brigadier, dit Jean-François avec simplicité : un poste de TSF[5].

25 — Alors ça va, passez, dit l'agent.

Riant encore de ces deux réussites, Jean-François remit le poste-émetteur à un revendeur de meubles de la rive gauche. Celui-ci le pria à déjeuner. Il avait justement échangé la veille une table de nuit contre une belle andouillette fumée et un peu de beurre et il voulait
30 à tout prix partager ce festin avec son camarade.

— Venez sentir ça, dit le marchand.

Il conduisit Jean-François dans l'arrière-boutique. Sur un poêle de fonte l'andouillette grillait doucement. Jean-François sentit ses narines remuer. Mais il refusa. Il avait une surprise à faire.

35 La valise de Jean-François était d'une légèreté merveilleuse. Et lui, malgré une nuit de voyage très fatigante, il était merveilleusement dispos[6]. Il traversa à pied la moitié de Paris. Le pullulement[7] des uniformes ennemis, le dur et triste silence des rues ne purent entamer sa bonne humeur. Ce matin, c'était lui qui avait remporté
40 une victoire.

Joseph Kessel, *L'Armée des Ombres*, 1943,
© Succession Kessel – Irish Red Cross Society.

---

1. Gare de Lyon : nom de la gare, située à Paris, qui dessert le sud de la France.
2. Poste-émetteur : poste qui permet de diffuser des messages, des émissions de radio.
3. Feldgendarmerie : nom de la police militaire allemande.
4. Grêles : étroits et fragiles.
5. TSF : transmission sans fil. Jean-François présente le poste-émetteur comme un poste permettant uniquement de recevoir des émissions de radio.
6. Dispos : en bonne forme, physique et morale.
7. Pullulement : grande quantité.

Agir dans la cité : individu et pouvoir **SUJET 9**

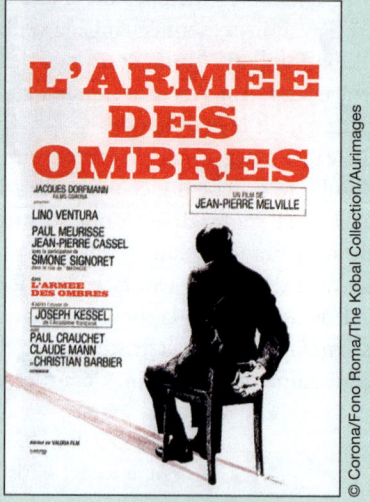

DOCUMENT B — **Iconographie**

Affiche réalisée pour la sortie du film *L'Armée des Ombres* (1969), de Jean-Pierre Melville, adapté du roman de Joseph Kessel.

QUESTIONS — 20 POINTS

Sauf indication contraire, les réponses aux questions doivent être entièrement rédigées.

▶ **1.** Que fait Jean-François ? Pourquoi le texte parle-t-il de « vie clandestine » et de « mission » ? *(2 points)*

▶ **2.** Pourquoi Jean-François s'empare-t-il brusquement d'un enfant ? Répondez en reportant sur votre copie la lettre (A, B, C, D) de la case correspondant selon vous à la bonne réponse. *(1 point)*

A	B	C	D
Jean-François veut aider l'enfant qui a du mal à suivre la femme âgée.	Jean-François veut montrer au soldat allemand qu'il est très chargé pour pouvoir lui confier sa valise.	Jean-François pense que l'enfant est moins lourd à porter que la valise.	Jean-François pense qu'en ayant l'air d'un père de famille, il ne sera pas contrôlé.

▶ **3.** Les paragraphes dans ce texte sont très courts : pourquoi, selon vous ? Quel effet produisent-ils sur votre lecture ? *(2 points)*

▶ **4.** « Ce festin » : quel est le sens de ce mot ? En vous appuyant sur l'ensemble des lignes 27 à 34, justifiez l'usage de ce terme. *(3 points)*

▶ **5.** Identifiez les temps verbaux dans l'ensemble du dernier paragraphe (lignes 35 à 40) et expliquez leur emploi. *(3 points)*

▶ **6. a)** De la ligne 26 à la fin de l'extrait, quelles sont les émotions et sensations éprouvées par Jean-François ? Identifiez-les précisément en appuyant votre réponse sur des citations du texte. *(1,5 point)*
b) Ces émotions et sensations vous surprennent-elles ? Justifiez votre réponse. *(1,5 point)*

▶ **7.** En quoi l'impression produite par l'image (document B) est-elle différente de celle dégagée par le texte (document A) ? *(3 points)*

▶ **8.** Proposez un titre pour ce texte, puis justifiez votre proposition. *(3 points)*

2de partie • Rédaction et maîtrise de la langue (2 heures)

DICTÉE **5 POINTS**

Le nom de l'auteur, le titre de l'ouvrage, ainsi que « Gerbier » et « baïonnettes » sont écrits au tableau au début de la dictée.

Joseph Kessel
L'Armée des Ombres, 1943
© Succession Kessel – Irish Red Cross Society

C'était surtout la nuit que Gerbier avait le temps de parler. […]
– Ces gens, disait Gerbier, auraient pu se tenir tranquilles. Rien ne les forçait à l'action. La sagesse, le bon sens leur conseillait de manger et de dormir à l'ombre des baïonnettes allemandes et de voir fructifier leurs affaires, sourire leurs femmes, grandir leurs enfants. Les biens matériels et les liens de la tendresse étroite leur étaient ainsi assurés. Ils avaient même, pour apaiser et bercer leur conscience, la bénédiction du vieillard de Vichy. Vraiment, rien ne les forçait au combat, rien que leur âme libre.

Agir dans la cité : individu et pouvoir **SUJET 9**

RÉÉCRITURE   5 POINTS

Réécrivez ce passage en remplaçant « Et lui » par « Et eux », et faites toutes les modifications nécessaires.

« Et lui, malgré une nuit de voyage très fatigante, il était merveilleusement dispos. Il traversa à pied la moitié de Paris. Le pullulement des uniformes ennemis, le dur et triste silence des rues ne purent entamer sa bonne humeur. » (l. 35-39)

TRAVAIL D'ÉCRITURE   20 POINTS

Vous traiterez au choix le sujet A ou B.

Sujet A

La Résistance date désormais de plus de soixante-dix ans. En quoi concerne-t-elle votre génération ? Pourquoi est-il important de la connaître ?
Vous répondrez à cette question dans un développement argumenté en vous appuyant sur votre expérience, sur vos lectures, votre culture personnelle et les connaissances acquises dans l'ensemble des disciplines.

Sujet B

À la gare, le soldat allemand refuse de prendre la valise de Jean-François : que se passe-t-il ? Jean-François va-t-il être arrêté ? Va-t-il trouver une nouvelle ruse ? Imaginez et rédigez la suite du récit.

LES CLÉS DU SUJET

■ **Les documents**

Le texte littéraire (document A)
L'Armée des Ombres est un roman de Joseph Kessel, grand reporter de presse et romancier. Après la défaite de 1940, parvenu à Londres, il s'engage dans les Forces Françaises Libres. Fin 1943, il finit de rédiger *L'Armée des Ombres* en s'appuyant sur des témoignages de résistants.

L'image (document B)
Il s'agit d'une affiche du film *L'Armée des Ombres* réalisé par le cinéaste Jean-Pierre Melville en 1969 et adapté du roman de Joseph Kessel.

■ **Travail d'écriture (Sujet A)**

Recherche d'idées
• Commence par réfléchir aux références que tu pourras utiliser pour illustrer ta réponse : la lettre de Guy Môquet par exemple, ce jeune résistant exécuté par les nazis. Ce peut être aussi des romans, des récits, des films, des témoignages…

- Appuie-toi également sur l'actualité. Pense, par exemple, aux attentats dont a été victime la France ces dernières années. La Résistance n'appartient pas seulement au passé.

Conseils de rédaction

Tu dois présenter deux ou trois arguments, classés par ordre d'importance. Par exemple, il faut continuer de rendre hommage à la Résistance, parce que :
1. c'est un devoir de mémoire ;
2. c'est une leçon à retenir pour l'avenir ;
3. c'est un combat toujours actuel.

■ Travail d'écriture (Sujet B)

Recherche d'idées

- Choisis entre les deux possibilités : Jean-François parvient à passer le contrôle, ou bien il est arrêté. Quel que soit ton choix, cherche à créer du suspens.
- Fais preuve d'imagination, mais évite les rebondissements trop rocambolesques ou un dénouement trop sanglant.
- Tu peux imaginer de brefs dialogues intérieurs pour faire partager au lecteur les réflexions de Jean-François.

Conseils de rédaction

- Tu dois respecter le contexte sous peine d'être hors-sujet. Fais la liste, au brouillon, des éléments à reprendre dans ton texte : la gare, le contrôle de la Gestapo, la valise et son contenu, l'enfant, la vieille femme et les risques encourus par Jean-François.
- Respecte la forme du texte (récit), les temps employés (passé, 3e personne), le point de vue (celui de Jean-François).
- Continue de préférence à faire des paragraphes courts pour conserver le rythme de la narration et maintenir le suspens.

CORRIGÉ 9

1re partie • Analyse et interprétation de textes et de documents

QUESTIONS

▶ **1.** Jean-François appartient à la Résistance et combat l'occupant allemand. Il fait ainsi partie de ce que l'on a appelé l'« Armée des ombres », une armée clandestine, cachée, qui combat de l'intérieur pour libérer la France. Les Résistants se voyaient octroyer des missions : circulation des informations, sabotages, etc. Celle de Jean-François consiste à faire parvenir à d'autres résistants un poste-émetteur qui permettra de communiquer avec Londres.

Info +
Le mot « clandestin » désigne ce qui se fait en cachette, ne respecte pas les lois, se dérobe à l'autorité (ici, celle des nazis).

▶ **2.** Réponse B.

▶ **3.** Il s'agit d'un récit d'action. La brièveté des paragraphes permet de maintenir un rythme rapide, de tenir le lecteur en haleine, de ne pas relâcher la tension.

▶ **4.** Un festin est un repas de fête constitué de plats abondants et raffinés. Ici, il ne faut pas oublier le contexte : l'Occupation est une période d'intenses privations. Une andouillette et un peu de beurre sont par conséquent des mets de choix que l'on ne pouvait se procurer que par le marché noir.

▶ **5.** Les temps employés sont les temps du récit au passé. Le passé simple permet d'exprimer les actions ponctuelles qui se succèdent et qui constituent la trame du récit (« traversa », « purent »). L'imparfait est employé dans les descriptions pour évoquer les circonstances dans lesquelles se déroule l'action (« était »). L'action au plus-que-parfait est antérieure à celle au passé simple (« avait remporté »)

▶ **6. a)** Jean-François est tout d'abord soulagé d'avoir échappé par deux fois à l'arrestation et amusé de s'être joué de ses ennemis : « Riant encore de ces deux réussites… »

Il ressent ensuite une certaine gourmandise à l'idée de manger l'andouillette : « Jean-François sentit ses narines remuer. »

Il se sent enfin léger et insouciant, heureux d'avoir accompli avec succès sa périlleuse mission : « légèreté merveilleuse », « merveilleusement dispos », « sa bonne humeur ».

b) Ces émotions peuvent surprendre : le moindre faux pas et c'est la mort. Mais Jean-François est pris par l'action et parfaitement formé pour réagir face au danger. Cela lui donne de l'assurance, de l'audace et peut-être même une apparente désinvolture qui lui permettent d'affronter la situation avec sang-froid.

▶ **7.** L'impression produite par l'image est très différente de celle suscitée par l'extrait : si Jean-François semble se jouer des dangers, l'affiche met l'accent sur les périls qui menacent les résistants. L'image est très sobre : une chaise, un homme en costume sombre, de dos, les mains ligotées derrière lui. Tout est dit : l'arrestation, les interrogatoires et, suggérée plus que montrée, la torture. L'affiche fait écho à ce terrible constat : « Un homme pris avec un pareil bagage était voué à mourir dans les tortures. »

▶ **8.** Le titre pourrait être : Une mission allègrement menée. En effet, l'essentiel ici est la mission que doit accomplir Jean-François. Sa réussite conditionne la suite de l'action et aussi la survie du personnage. Cette mission, le héros l'accomplit avec beaucoup de sang-froid, mais aussi avec une certaine insouciance, l'audace de la jeunesse, d'où le choix de l'adverbe « allègrement ».

Conseil
Le titre doit résumer l'essentiel du texte sous la forme d'un groupe nominal : choisis un nom et complète-le par un adjectif, complément du nom et éventuellement un adverbe.

2de partie • Rédaction et maîtrise de la langue

DICTÉE

POINT MÉTHODE

❶ Attention à l'accord de *leur*. Lorsqu'il est déterminant possessif, *leur* s'accorde avec le nom qu'il détermine (*leurs affaires*). Lorsqu'il est pronom possessif, *leur* est invariable (*les liens de la tendresse étroite leur étaient ainsi assurés*).

❷ Sois attentif à l'accord des adjectifs attributs ou des participes passés employés avec l'auxiliaire *être* : tu dois les accorder avec le sujet. Ce sont *ces gens* qui sont *tranquilles*, *les biens matériels et les liens de la tendresse étroite* qui sont *assurés*.

Agir dans la cité : individu et pouvoir **CORRIGÉ 9**

C'était surtout la nuit que Gerbier avait le temps de parler. […] – Ces gens, disait Gerbier, auraient pu se tenir **tranquilles**. Rien ne les forçait à l'action. La sagesse, le bon sens **leur** conseillait de manger et de dormir à l'ombre des baïonnettes allemandes et de voir fructifier **leurs** affaires, sourire **leurs** femmes, grandir **leurs** enfants. Les biens matériels et les liens de la tendresse étroite **leur** étaient ainsi **assurés**. Ils avaient même, pour apaiser et bercer **leur** conscience, la bénédiction du vieillard de Vichy. Vraiment, rien ne les forçait au combat, rien que **leur** âme libre.

RÉÉCRITURE

Les modifications sont mises en couleur.

Et eux, malgré une nuit de voyage très fatigante, ils étaient merveilleusement dispos. Ils traversèrent à pied la moitié de Paris. Le pullulement des uniformes ennemis, le dur et triste silence des rues ne purent entamer leur bonne humeur.

> **Attention !**
> N'oublie pas de modifier le déterminant : *sa* devient *leur*. Par contre, laisse le groupe nominal « bonne humeur » au singulier, car il ne s'emploie pas au pluriel.

TRAVAIL D'ÉCRITURE

Voici un exemple de rédaction sur chacun des deux sujets.
Attention les indications entre crochets ne doivent pas figurer sur ta copie.

Sujet A

La Résistance concerne plus que jamais notre génération.

[Un devoir de mémoire] C'est **tout d'abord** un devoir de mémoire et de reconnaissance. Nous n'avons pas le droit d'oublier ces hommes et ces femmes, ces combattants de l'ombre, qui ont risqué leur vie, voire l'ont sacrifiée, pour défendre la France contre l'occupant nazi. C'est grâce à

> **Conseil**
> Mets en évidence tes différents arguments en faisant des *paragraphes* et en les introduisant par des *adverbes* ou des locutions adverbiales.

eux que nous vivons dans un pays libre. Comment ne pas se souvenir du tout jeune Guy Môquet et de la lettre, si touchante, qu'il écrit à sa famille alors qu'il va être exécuté par la Gestapo et où il dit espérer que sa mort ne sera pas vaine ? Ou encore de Lucien Legros, élève du lycée Buffon qui écrit : « Je vais être fusillé à onze heures avec mes camarades. Nous allons mourir le sourire aux lèvres, car c'est pour le plus bel idéal. » Ils font partie de notre histoire, de notre mémoire collective.

[Une leçon à retenir] Ensuite, il ne faut pas considérer que tout cela appartient à un passé révolu, que cela ne se reproduira jamais. Il faut savoir tirer les leçons du passé pour éviter de reproduire les mêmes erreurs. Si, pour la plupart, nous n'avons pas connu la guerre, cela ne veut pas dire qu'elle ne peut plus survenir. Il est de notre devoir d'être vigilants face à la montée des extrémismes, du racisme, de l'antisémitisme, du refus de l'autre, du repli sur soi que prônent certains politiques, qui mettent en danger nos valeurs de liberté et de tolérance et qui préfigurent peut-être de nouveaux conflits.

[Un combat toujours actuel] Enfin, les attentats terroristes qui ont ensanglanté notre pays ces dernières années nous ont montré combien il faut rester unis et se dresser ensemble, résister, refuser la peur que l'on veut nous imposer pour continuer à défendre les valeurs de la France – la liberté, l'égalité et la fraternité – partout où elles sont mises à mal.

Sujet B

[Élément perturbateur] Le soldat allemand lui jeta un regard hautain et s'éloigna, l'air méprisant.

[Une situation compliquée] Jean-François sentit l'étau se resserrer : il ne pouvait plus reculer au risque d'être repéré. L'enfant pesait lourd à son bras, la valise l'empêtrait dans ses mouvements. Il lui était impossible de forcer le passage et de se mettre à courir. Le petit commença à geindre et à observer avec méfiance cet inconnu qui s'était saisi de lui. La vieille femme, étonnée, se rapprocha de lui : il allait devoir reposer le garçonnet.

[Dialogue intérieur] Il prit conscience de ce qui l'attendait : l'arrestation, les interrogatoires, les séances de torture. Comment allait-il réagir ? « Pourvu que je tienne le coup, pensa-t-il, ne surtout pas trahir les camarades ! »

[Résolution du problème] Soudain, il vit marcher dans sa direction une jeune résistante de sa connaissance, qui venait de passer le contrôle dans l'autre sens et se dirigeait vers les trains, une valise à la main. L'échange de regards fut bref, mais elle comprit immédiatement le caractère dramatique de la situation. Elle s'approcha du petit groupe, posa sa valise, embrassa l'enfant et murmura à l'oreille de Jean-François : « Ce soir, dans le square en bas de chez moi. » Jean-François, à son tour, se délesta de son encombrant colis. Quand la jeune femme repartit, les bagages avaient été échangés.

> **Info +**
> Pour le dialogue intérieur du personnage, tu peux employer :
> – le discours *direct* :
> « *Comment réagirai-je ?* », *se demanda-t-il.*
> – le discours indirect :
> *Il se demanda comment il réagirait.*
> – le discours indirect libre :
> *Comment réagirait-il ?*

[Dénouement] Jean-François recommença à respirer : « Ce ne sera pas pour cette fois », se dit-il, conscient d'avoir frôlé le pire. Lorsque les hommes de la Gestapo ouvrirent la valise, ils découvrirent quelques vêtements féminins. Jean-François expliqua qu'il les apportait à sa femme qui était hospitalisée. Ils le laissèrent passer.

SUJET 10

Amérique du Nord • Juin 2017
50 points

De l'importance d'avoir un métier

1re partie • Comprendre, analyser et interpréter – Réécriture (1 h 10)

DOCUMENT A — **Cherchez la femme**

En 1958, Nina, lycéenne de seize ans et fille de mineur, et Vladimir, jeune ingénieur des Mines de vingt-six ans, se sont rencontrés à l'orchestre. Le jeune homme est tombé amoureux de la jeune fille et lui a proposé de l'épouser. Face à cette proposition, Nina confie son impatience à sa grand-mère.

– Pourquoi es-tu si pressée ? demanda Sacha sans cacher son étonnement.

Elle était stupéfaite de l'évidence qui s'était faite chez sa petite-fille et tout de même, si forte fût-elle, l'aveu de Nina lui faisait battre le cœur plus vite.

– Je ne sais pas, dit Nina (elle osait même dire je ne sais pas !). C'est comme ça. Il faut avancer dans la vie, saisir l'occasion qui se présente. Tu ne crois pas ?

– Et le lycée, *Douchka*[1]. As-tu pensé au lycée ?

Sacha Javorsky quittait le champ du grand amour pour revenir aux choses sérieuses.

– Oui, dit Nina, bien sûr. Je continuerai à aller au lycée comme aujourd'hui.

– Tu ne sais pas qu'un homme dans une maison exige beaucoup de sa femme, dit Sacha Javorsky avec un air d'être sûre de ce qu'elle avançait. Tu n'auras plus le temps d'étudier !

– Vladimir ne m'empêchera pas d'étudier, souffla Nina.

Ce ton amolli et romantique eut le don d'agacer Sacha. Elle n'avait pas élevé sa petite-fille pour en faire une gourde qui s'en laisse conter par le premier garçon venu.

– Ça ma fille, nous en reparlerons ! dit-elle avec ironie.

Puis elle récita son couplet désenchanté : Les hommes, ça met les pieds sous la table et les chemises en boule au linge sale, et ça croit que les lapins naissent découpés, farcis et grillés !

Agir dans la cité : individu et pouvoir **SUJET 10**

25   Nina ne disait rien. Qu'y avait-il à répondre ? D'ailleurs sa grand-mère n'attendait pas de réponse. Elle n'avait pas fini de parler.

— Ton Vladimir, poursuivit la grand-mère, il a vingt-six ans et un métier. Des centaines de gens sont sous ses ordres. Ton père y est ! L'ingénieur ! Il va te commander celui-là…

30   — Il ne me commandera pas, répliqua Nina sur un ton décidé.

— Alors vous vous bagarrerez. Et crois-moi ce sera dur. Une femme ne fait jamais le poids.

La vieille dame s'interrompit à dessein, préservant un effet d'annonce. Puis elle acheva :

35   — Sauf si elle a un métier. Et un salaire ! Travaille Nina. Étudie le plus longtemps possible et gagne ta vie. Ne dépends jamais d'un homme ! Écoute ce que te dit ta grand-mère.

— J'écoute, dit Nina.

Alice Ferney, *Cherchez la femme*, 2013.

---

1. *Douchka* : petit nom affectueux en russe signifiant « ma douce ».

DOCUMENT B   **Savoir, c'est pouvoir**

Barbara Kruger est une artiste contemporaine qui a été engagée dans la revendication des droits des femmes aux États-Unis.

Cette sérigraphie est une commande du ministère de la Culture pour le bicentenaire de la Révolution française (1989).

QUESTIONS 20 POINTS

Les réponses doivent être entièrement rédigées.

Sur le texte littéraire (document A)

▶ **1.** Quelle est la relation qui lie Nina et Sacha ?
Quel a été le rôle précis de Sacha dans l'éducation de Nina ? *(2 points)*

▶ **2.** Lignes 1 à 20 : nommez les deux sentiments successifs éprouvés par la grand-mère.
Quelle attitude de Nina provoque chez elle ce changement de sentiment ? Justifiez votre réponse par une expression du texte. *(3 points)*

▶ **3.** « désenchanté », ligne 22.
Donnez la classe grammaticale de ce mot.
Expliquez sa formation puis son sens dans le texte. *(3 points)*

▶ **4.** Lignes 35 à 37, quel est le mode principalement employé dans les propos de la grand-mère ? Justifiez son emploi. *(2 points)*

▶ **5.** Quel personnage féminin domine la conversation ?
D'après vous, pourquoi se donne-t-elle le droit de parler ainsi ? *(3 points)*

▶ **6.** Selon Sacha, que risque-t-il de se passer après le mariage de Nina et Vladimir ?
Vous répondrez dans un paragraphe détaillé en vous appuyant sur des citations précises du texte. *(4 points)*

Sur le texte littéraire et l'image (documents A et B)

▶ **7.** Comment l'image et le texte évoquent-ils, chacun à leur manière, le pouvoir que le savoir procure aux femmes ? *(3 points)*

RÉÉCRITURE 5 POINTS

« Travaille Nina. Étudie le plus longtemps possible et gagne ta vie. Ne dépends jamais d'un homme ! Écoute ce que te dit ta grand-mère. » (l. 35-37)

Réécrivez ces quatre phrases en remplaçant « Nina » par « les filles » et « grand-mère » par « grands-parents ». Vous ferez toutes les modifications nécessaires.

2de partie • Rédaction et maîtrise de la langue (1 h 50)

DICTÉE   5 POINTS

Le nom de l'auteur et le titre de l'œuvre sont écrits au tableau au début de la dictée.

Alice Ferney
Cherchez la femme, 2013

Pas un seul petit mot ! Il ne vint pas lui rendre visite. Il fut absent aux deux répétitions, le mardi d'abord, puis le vendredi, sans s'excuser ni prévenir, ce qui n'était jamais arrivé. Les musiciens de l'orchestre demandaient des nouvelles à Nina. Elle n'en avait pas. Tout le monde vit qu'elle dansait et chantait sans entrain. Ses résultats scolaires chutèrent d'un coup. Le cartable était jeté par terre sans être ouvert. Elle n'avait pas la tête à son travail ! Elle découvrait la place que tient dans la vie un amour, celui qu'on trouve autant que celui qu'on perd ou croit perdre.

TRAVAIL D'ÉCRITURE   20 POINTS

Les candidats conserveront le corpus (documents A et B) de la première partie de l'épreuve.

Vous traiterez au choix le sujet A ou B.

Sujet A

Pensez-vous, comme la grand-mère de Nina, qu'avoir un métier soit synonyme de liberté et de pouvoir ? Votre rédaction sera d'une longueur minimale d'une soixantaine de lignes (300 mots environ).

Sujet B

La jeune fille annonce sa décision finale à Vladimir. Elle a pris en compte les remarques de sa grand-mère pour choisir ou non de se marier. Imaginez le dialogue des deux jeunes gens et les réactions qu'il suscite. Votre rédaction sera d'une longueur minimale d'une soixantaine de lignes (300 mots environ) et mêlera dialogue et narration.

LES CLÉS DU SUJET

■ Les documents

Le texte littéraire (document A)
Le sentiment amoureux et la vie de couple sont les thèmes de prédilection d'Alice Ferney. Dans *Cherchez la femme*, elle ausculte les mécanismes de l'amour à travers deux générations de couples : Vladimir et Nina, Serge et Marianne.

L'image (document B)
Il s'agit d'une sérigraphie de Barbara Kruger, une artiste américaine contemporaine engagée dans la lutte pour le droit des femmes. Elle a été rendue célèbre grâce à ses photomontages de photographies de presse en noir et blanc sur lesquelles elle superpose des slogans rédigés en blanc sur fond rouge. Cette œuvre lui a été commandée par la France à l'occasion du bicentenaire de la Révolution française en 1989.

■ Travail d'écriture (Sujet A)

Recherche d'idées
• Appuie-toi tout d'abord sur ton expérience personnelle. Commence par t'interroger sur ce que tu souhaites pour ton avenir, les études que tu désires ou non poursuivre, le métier que tu envisages déjà peut-être, ce qu'il signifie pour toi…
• Tu peux aussi prendre en compte l'expérience de tes grands-parents ou de tes parents…
• Pense à étayer tes arguments avec des exemples tirés de lectures, de films (ex. : *Mémoires d'une jeune fille rangée* de Simone de Beauvoir).

Conseils de rédaction
Tu peux, par exemple, développer les arguments suivants :
1. Avoir un métier est souvent synonyme de liberté et de pouvoir (indépendance financière, choix de vie…).
2. Cependant, tous les métiers ne sont pas également gratifiants et valorisants.
3. Conclusion : il est donc important de suivre la voie qui convient le mieux à soi-même pour s'épanouir dans le métier de son choix.

■ Travail d'écriture (Sujet B)

Recherche d'idées
Commence par décider si la réponse de Nina sera positive ou négative. Reprends ensuite sur ton brouillon les arguments de la grand-mère : ils te seront utiles pour montrer comment ils ont influencé la réponse de Nina. Imagine les réactions de Vladimir, de Nina, de sa grand-mère…

Agir dans la cité : individu et pouvoir **CORRIGÉ 10**

Conseils de rédaction

- Choisis avec soin les verbes de parole. Évite de répéter sans cesse le verbe *dire* !
- Respecte la ponctuation du dialogue : ouvre les guillemets au début et n'oublie pas de les fermer à la fin ; mets des tirets et va à la ligne à chaque changement d'interlocuteur.
- N'oublie pas d'insérer des passages narratifs (déplacements des personnages, gestes…).

CORRIGÉ 10

1re partie • Comprendre, analyser et interpréter – Réécriture

QUESTIONS

▶ **1.** Sacha est la grand-mère de Nina. Elle a été chargée de l'éducation de sa petite-fille.

▶ **2.** Tout d'abord, Sacha est étonnée et même stupéfaite de l'impatience de sa petite-fille de se marier ; elle est un peu émue aussi. Mais ensuite, c'est l'agacement qui l'emporte. Elle pense que Nina a une vision trop naïve, trop romantique de la vie de couple : « Ce ton amolli et romantique eut le don d'agacer Sacha. Elle n'avait pas élevé sa petite-fille pour en faire une gourde qui s'en laisse conter par le premier garçon venu. »

▶ **3.** Il s'agit d'un adjectif. Il est composé d'un radical, *enchanté*, et d'un préfixe, *-dés* qui indique le contraire.

Désenchanté signifie désillusionné, qui a perdu ses illusions.

> **Zoom**
> Le préfixe *dé*, *dés*, ou *dis* placé devant un mot peut le transformer en son contraire : *enchanté* ≠ *désenchanté*.

▶ **4.** La grand-mère emploie le mode impératif (« travaille », « étudie », « gagne ta vie », « Ne dépends jamais », « écoute ») : elle veut à tout prix convaincre sa petite-fille. Elle l'exhorte à ne pas abandonner ses études.

> **Zoom**
> L'impératif sert à exprimer des ordres, des interdictions, mais aussi des recommandations, des conseils, des prières ou des exhortations.

Agir dans la cité : individu et pouvoir   **CORRIGÉ   10**

▶ **5.** Le personnage qui domine la conversation est la grand-mère, Sacha. Elle se permet de parler de cette manière car elle veut le bien de sa petite-fille. Elle s'appuie sur son expérience et craint que Nina ne gâche sa vie sur un coup de tête.

▶ **6.** Sacha craint que Nina ne se retrouve femme au foyer, au service de son mari, condamnée aux seules tâches ménagères : « Les hommes, ça met les pieds sous la table et les chemises en boule au linge sale, et ça croit que les lapins naissent découpés, farcis et grillés ! »

Elle redoute pour sa petite-fille un mari autoritaire qui la transforme en épouse soumise : « Il va te commander celui-là. »

Elle s'inquiète de la violence des scènes de ménage si Nina tient tête à son mari : « vous vous bagarrerez. Et crois-moi ce sera dur. »

▶ **7.** L'œuvre de Barbara Kruger montre un visage de femme en gros plan, un visage qui a la perfection des images publicitaires, un visage coupé en deux, d'un côté la photo développée, de l'autre le négatif, d'un côté l'image professionnelle, de l'autre le visage intime. La femme semble implacable, inflexible. L'essentiel est le slogan, clair et concis, blanc sur rouge : savoir, c'est pouvoir. Barbara Kruger et Sacha partagent la même certitude : c'est par le savoir, les études, que les femmes se libéreront, s'affirmeront, deviendront libres et indépendantes, maîtresses de leur existence.

RÉÉCRITURE

Les modifications sont mises en couleur.

« Travaillez les filles. Étudiez le plus longtemps possible et gagnez votre vie. Ne dépendez jamais d'un homme ! Écoutez ce que vous disent vos grands-parents. »

Attention !
Le sujet du verbe *dire*, *vos grands-parents*, est inversé, placé après. Sois vigilant sur l'accord.

Agir dans la cité : individu et pouvoir **CORRIGÉ 10**

2ᵈᵉ partie • Rédaction et maîtrise de la langue

DICTÉE

POINT MÉTHODE

❶ Attention à ne pas confondre le participe passé et l'infinitif des verbes en *–er* (s'excuser ≠ jeté), car ils se prononcent de la même manière. Pour éviter toute erreur, le plus simple est de remplacer ces verbes par un verbe d'un autre groupe : *sans prendre* (infinitif) → *s'excuser*. *Le cartable était pris* (participe passé) → *jeté*.

❷ Sois attentif aux accords et aux marques du pluriel : *aux, répétitions, musiciens, demandaient, nouvelles, résultats scolaires chutèrent*.

Pas un seul petit mot ! Il ne vint pas lui rendre visite. Il fut absent aux deux répétitions, le mardi d'abord, puis le vendredi, sans s'excuser ni prévenir, ce qui n'était jamais arrivé. Les musiciens de l'orchestre demandaient des nouvelles à Nina. Elle n'en avait pas. Tout le monde vit qu'elle dansait et chantait sans entrain. Ses résultats scolaires chutèrent d'un coup. Le cartable était jeté par terre sans être ouvert. Elle n'avait pas la tête à son travail ! Elle découvrait la place que tient dans la vie un amour, celui qu'on trouve autant que celui qu'on perd ou croit perdre.

TRAVAIL D'ÉCRITURE

Voici un exemple de rédaction sur chacun des deux sujets.

Attention les indications entre crochets ne doivent pas figurer sur ta copie.

Sujet A

[Réponse positive à la question posée] Avoir un métier est, bien évidemment, essentiel pour acquérir une certaine liberté, celle de pouvoir vivre à sa guise, sans dépendre de parents ou du conjoint. Cela confère une indépendance financière, la possibilité de se loger, de choisir ses loisirs, de voyager. Ne dit-on pas « gagner sa vie » ?

Pour les femmes, c'est un droit acquis de haute lutte : pendant longtemps, les jeunes filles ont été élevées pour devenir de bonnes épouses, les études étaient réservées aux garçons. Nos grands-mères, nos mères n'ont pas toutes connu cette liberté, cette indépendance, le pouvoir de choisir leur vie et de décider de leur existence. C'est ce que raconte Simone de Beauvoir dans son autobiographie : *Mémoires d'une jeune fille rangée*.

Dans certaines régions du monde, le droit de travailler, de conduire une voiture, de se promener librement est encore trop souvent refusé aux femmes condamnées à être mariées de force, à être enfermées et soumises à leur époux.

> **Gagne des points**
> N'hésite pas à appuyer tes arguments en citant un livre que tu as lu ou un film que tu as vu.

[Contre-argument] Cependant, tous les métiers ne sont pas également synonymes de liberté et de pouvoir : de nombreux emplois ne sont ni valorisants ni épanouissants.

La prostitution, bien sûr, peut être considérée comme un métier dégradant. S'il n'y a pas de

> **Conseil**
> Lorsque tu apportes un contre-argument, introduis-le au moyen d'un connecteur argumentatif qui exprime l'opposition : *mais, pourtant, cependant...*

« sots métiers », comme dit l'expression, certains emplois condamnent à des conditions de travail pénibles (bruit, travail répétitif, faibles salaires).

Certains adolescents font le choix de quitter l'école parce qu'ils veulent rapidement devenir indépendants, et notamment gagner de l'argent. Toutefois, c'est une décision importante qu'il convient de faire mûrir, par le biais par exemple de discussions auprès d'autrui (famille, professeurs...) Mais, après avoir été confrontés à un travail qui ne leur convient pas, ils peuvent le regretter. Une reprise d'études est alors toujours possible pour accéder à un autre type d'emploi.

C'est d'autant plus vrai pour les filles, quand on sait que les femmes sont moins bien considérées que les hommes dans le monde du travail et qu'elles sont encore aujourd'hui majoritairement sous-payées. Obligées de concilier métier, tâches domestiques et éducation des enfants, trop peu d'entre elles, encore, ont accès à des postes à responsabilités, comme on le constate dans les institutions politiques.

[Conclusion] C'est pour cela que l'on conseille aux adolescents de bien choisir leurs études et de s'y investir : c'est à ce prix qu'ils accéderont vraiment à la liberté et au pouvoir de choisir leur métier et leur vie.

Sujet B

[Introduction, mise en situation] La réaction de sa grand-mère avait un peu ébranlé Nina : des doutes avaient surgi dans son esprit, si bien qu'elle avait peur à présent du saut dans l'inconnu qu'elle s'apprêtait à faire. Les deux jeunes gens s'étaient donné rendez-vous dans un café près du lycée de Nina.

> **Conseil**
> Commence par préciser le lieu de la rencontre entre Nina et Vladimir.

Agir dans la cité : individu et pouvoir — CORRIGÉ 10

[Début du dialogue : échange d'arguments]
« As-tu pris ta décision ? demanda Vladimir de but en blanc à sa jeune compagne.

– J'ai besoin d'un peu de temps, balbutia Nina… C'est une décision importante qui ne se prend pas à la légère.

> **Gagne des points**
> Emploie des verbes de parole variés pour préciser la façon dont les personnages parlent. N'hésite pas à ajouter des adverbes, des compléments de manière.

Vladimir prit la main de Nina dans les siennes :

– De quoi as-tu peur ? Tu ne m'aimes donc pas ?

– Bien sûr que je t'aime, Vladimir. Ce n'est pas ça, mais je pense que je suis peut-être encore trop jeune pour être une épouse, une mère. Nous pourrions attendre la fin de mes études. Nous avons toute la vie devant nous.

– Pourquoi tiens-tu tant à terminer tes études ? s'étonna le jeune homme. Je gagne bien ma vie ; tu n'es pas obligée de travailler. Tu pourras t'occuper de la maison, de nos enfants…

– Mais, s'insurgea Nina en retirant sa main, je ne veux pas dépendre de toi ; je veux gagner ma vie, avoir un salaire à moi, pouvoir le dépenser sans avoir à te rendre des comptes.

Vladimir se fit tendre et la regarda dans les yeux :

– Je saurai te protéger ; tu seras heureuse avec moi.

– Je ne veux pas être protégée : je veux être forte, libre, indépendante…

Vladimir l'interrompit violemment. Il serrait les poings.

– C'est ta grand-mère qui t'a mis ces idées dans la tête ? De quoi se mêle-t-elle ? C'est ta vie et pas la sienne !

– C'est elle qui m'a élevée. Elle m'aime. Elle connaît les risques du mariage. Elle ne veut pas que je sois malheureuse.

[Conclusion : la réponse de Nina] Vladimir se fit dur, autoritaire :

– Je veux que tu me répondes, exigea-t-il, c'est oui ou c'est non ?

Soudain, la décision à prendre parut évidente à Nina. Elle répondit avec une calme certitude :

– Je ne veux plus me marier avec toi, ni aujourd'hui ni demain. »

Vladimir repoussa brusquement sa chaise et partit sans se retourner. Nina le regarda s'éloigner et songea que sa grand-mère serait fière d'elle quand elle apprendrait sa décision.

SUJET 11

Sujet inédit • Visions poétiques du monde
50 points

Invitation au voyage

Ce sujet regroupe tous les exercices de français de la 2de épreuve écrite.

1re partie • Analyse et interprétation de textes et de documents (1 heure)

DOCUMENT A — **Texte littéraire**

Mon enfant, ma sœur,
    Songe à la douceur
  D'aller là-bas vivre ensemble !
    Aimer à loisir,
5   Aimer et mourir
Au pays qui te ressemble !
    Les soleils mouillés
    De ces ciels brouillés
Pour mon esprit ont les charmes
10   Si mystérieux
    De tes traîtres yeux,
Brillant à travers leurs larmes.

Là, tout n'est qu'ordre et beauté,
Luxe, calme et volupté.

15   Des meubles luisants,
    Polis par les ans,
Décoreraient notre chambre ;
    Les plus rares fleurs
    Mêlant leurs odeurs
20 Aux vagues senteurs de l'ambre,
    Les riches plafonds,
    Les miroirs profonds,

La splendeur orientale,
   Tout y parlerait
25   À l'âme en secret
Sa douce langue natale.

Là, tout n'est qu'ordre et beauté,
Luxe, calme et volupté.

   Vois sur ces canaux
30   Dormir ces vaisseaux
Dont l'humeur est vagabonde ;
   C'est pour assouvir
   Ton moindre désir
Qu'ils viennent du bout du monde.
35 – Les soleils couchants
   Revêtent les champs,
Les canaux, la ville entière,
   D'hyacinthe et d'or ;
   Le monde s'endort
40 Dans une chaude lumière.

Là, tout n'est qu'ordre et beauté,
Luxe, calme et volupté.
   Charles Baudelaire, « L'Invitation au voyage », *Les Fleurs du Mal,* 1857.

---

1. Hyacinthe : pierre fine de couleur orange à rouge.

Visions poétiques du monde **SUJET 11**

DOCUMENT B — **Claude Gellée dit Le Lorrain,** *Port de mer au soleil couchant* **(1639)**

ph © Aisa/Leemage

QUESTIONS   **20 POINTS**

Les réponses doivent être entièrement rédigées.

Sur le texte littéraire (document A)

▶ **1. a)** Expliquez le titre du poème. *(1 point)*
b) Selon vous, à quel ailleurs le poète rêve-t-il ? *(2 points)*

▶ **2.** Relevez les mots appartenant au champ lexical du luxe, du raffinement. *(2 points)*

▶ **3. a)** À qui le poète s'adresse-t-il ? Justifiez votre réponse en citant des éléments du texte. *(2 points)*
b) De quelle façon le fait-il ? *(2 points)*

▶ **4.** Que compare le poète aux vers 7 à 12 ? Expliquez la comparaison. *(2 points)*

▶ **5. a)** Quel est le mode employé dans les vers 15 à 26 ? *(1 point)*
b) Pourquoi ce mode ? *(1 point)*

▶ **6. a)** Quelle est la figure de style employée par Baudelaire pour évoquer les vaisseaux (vers 29 à 34) ? *(1 point)*
❑ Une métaphore.   ❑ Une personnification.
b) Justifiez votre réponse en citant des éléments du poème. *(1 point)*
c) Quel est, à votre avis, l'effet recherché par le poète ? *(1 point)*

Sur le texte et l'image (documents A et B)
▶ **7.** Quelles impressions ou sentiments le tableau du Lorrain éveille-t-il en vous ? *(2 points)*

▶ **8.** Quelles ressemblances ou dissemblances pouvez-vous discerner entre le poème et le tableau ? *(2 points)*

2de partie • Rédaction et maîtrise de la langue (2 heures)

DICTÉE   5 POINTS

Le titre, la source de l'extrait sont écrits au tableau au début de la dictée.

J.-M.-G. Le Clézio
« Celui qui n'avait jamais vu la mer », 1982 in *Mondo et autres histoires*
© Éditions Gallimard, www.gallimard.fr

Premier contact avec la mer

Il s'assit sur le sable mouillé, et il regarda la mer monter devant lui presque jusqu'au centre du ciel. Il avait tellement pensé à cet instant-là, il avait tellement imaginé le jour où il la verrait enfin, réellement, pas comme sur les photos ou comme au cinéma, mais vraiment, la mer tout entière, exposée autour de lui, gonflée, avec les gros dos des vagues qui se précipitent et déferlent, les nuages d'écume, les pluies d'embrun en poussière dans la lumière du soleil, et surtout, au loin, cet horizon courbe comme un mur devant le ciel ! Il avait tellement désiré cet instant-là qu'il n'avait plus de forces, comme s'il allait mourir, ou bien s'endormir.

RÉÉCRITURE   5 POINTS

« Mon enfant, ma sœur,
Songe à la douceur
D'aller là-bas vivre ensemble !
Aimer à loisir,
Aimer et mourir
Au pays qui te ressemble ! »

Réécrivez ces vers en mettant « enfant » et « sœur » au pluriel et procédez aux modifications nécessaires (vers 1 à 6).

TRAVAIL D'ÉCRITURE   **20 POINTS**

Vous traiterez au choix le sujet A ou le sujet B.
Votre rédaction sera d'une longueur minimale d'une soixantaine de lignes (300 mots environ).

Sujet A

Décrivez à un ami le lieu idéal où vous aimez, ou aimeriez, vous évader. Il peut s'agir d'un lieu réel ou imaginaire.

Sujet B

Selon vous, les voyages sont-ils source d'enrichissement ? Vous répondrez à cette question dans un développement argumenté en vous appuyant sur votre expérience, vos lectures et votre culture personnelle.

LES CLÉS DU SUJET

■ Les documents

Le texte littéraire (document A)

L'Invitation au voyage est un poème de Baudelaire extrait de *Spleen et Idéal*, première partie des *Fleurs du Mal*. Il est inspiré par Marie Daubrun, actrice qui sera brièvement l'une des inspiratrices et muses de Baudelaire. Le pays dont parle le poète pourrait être la Hollande qu'il ne connaît que par les tableaux de Vermeer, mais dont il rêve comme d'un lieu idéal.

L'image (document B)

Ce tableau nous montre un port de mer au crépuscule. Le Lorrain est connu pour sa peinture de paysages dont il s'applique à mettre en évidence la lumière particulière en fonction du moment de la journée.

■ Travail d'écriture (Sujet A)

Recherche d'idées

Choisis un lieu, en te le remémorant ou en l'imaginant. Prends le temps de créer ou recréer en pensée tous les éléments qui le composent : décor, luminosité, odeurs…

Conseils de rédaction

• Il s'agit de décrire et non de faire un récit. Pense à employer de nombreux adjectifs qualificatifs, des compléments du nom, des subordonnées relatives pour qualifier chaque élément du décor, pour préciser leur forme, leur matière, leur texture, leur odeur, leur couleur…

• Tu situeras ces différents éléments dans l'espace en employant des connecteurs spatiaux : *au premier plan, à l'arrière-plan, à gauche, à droite, au loin, à l'horizon…*

■ Travail d'écriture (Sujet B)

Recherche d'idées

• Aimes-tu, ou aimerais-tu voyager ? Qu'est-ce qui t'attire dans les voyages : découvrir des paysages, des civilisations, faire des rencontres, vivre des aventures… Préfères-tu les villes ou les paysages naturels ? Aimes-tu visiter des musées ou escalader des montagnes ?

• Tu peux aussi réfléchir aux lectures ou aux films qui t'ont donné le désir de voyager : les livres de Jack London sur le Grand Nord canadien, les romans de Jules Verne, les *road movies*…

Conseils de rédaction

• Développe au moins trois arguments : le voyage comme source d'évasion, quête d'aventures, enrichissement culturel, découverte d'autres modes de vie…

• Appuie-toi sur des exemples précis pour illustrer tes arguments.

CORRIGÉ 11

1ʳᵉ partie • Analyse et interprétation de textes et de documents

QUESTIONS

▶ **1. a)** Le poème est une invitation à voyager par l'imagination et la poésie loin du monde quotidien, dans un ailleurs rêvé où il serait possible d'aimer librement.

b) Le poète rêve à un lieu idéal où « tout n'est qu'ordre et beauté,/Luxe, calme et volupté ». Il s'agit d'un ailleurs imaginé, que l'on peut situer en Hollande, pays des canaux et des ciels brouillés qui fascinait Baudelaire, mais une Hollande fantasmée qui s'apparente aussi bien à l'Orient qu'à l'Occident.

▶ **2.** Baudelaire choisit un lexique qui évoque le luxe, le raffinement : « douceur », « charmes », « ordre », « beauté », « luxe », « calme », « volupté », « luisants », « les plus rares (fleurs) », « ambre », « splendeur »…

Visions poétiques du monde **CORRIGÉ** **11**

▶ **3. a)** Baudelaire adresse son poème à la femme aimée : « Mon enfant, ma sœur ». Elle est pour lui tout à la fois fille, sœur, amante, muse. Il s'agit d'un amour idéalisé, plus spirituel que charnel.
b) Le poète la tutoie. Il crée ainsi une intimité faite de douceur et de complicité : « Songe à la douceur/D'aller là-bas vivre ensemble ! »

▶ **4.** Le poète compare les soleils voilés par des nuages chargés d'humidité aux yeux de son amante « brillant à travers leurs larmes ». Ils ont, pour lui, la même ambiguïté, le même mystère.

▶ **5. a)** Baudelaire emploie le conditionnel présent : « décoreraient », « parlerait ».
b) Le poète imagine ce que pourrait être ce lieu idéal, fantasmé : il laisse libre cours au rêve.

▶ **6. a)** Il s'agit d'une personnification.
b) Le poète attribue aux vaisseaux des attitudes humaines : ils dorment, ils ont « l'humeur vagabonde » comme s'ils éprouvaient des sentiments.
c) Le poète crée ainsi une impression de magie. Les vaisseaux évoquent ces génies des contes orientaux dévoués à leurs maîtres : « C'est pour assouvir/Ton moindre désir/Qu'ils viennent du bout du monde. »

> **Zoom**
> La personnification est en quelque sorte une forme particulière de métaphore : elle consiste à animer un objet, une chose ou à leur donner des caractéristiques humaines.

▶ **7.** Le tableau éveille une impression de mystère face à l'océan : au-delà, c'est l'Orient ou l'Amérique, le « nouveau monde ». Le bateau, grand voilier qui sans doute s'éloigne, évoque une existence aventureuse, la découverte d'un univers riche et exotique. Les couleurs du couchant donnent au tableau une aura de mystère. Nous sommes attirés vers l'horizon, vers cet ailleurs rêvé, comme les personnages qui saluent le vaisseau en partance.

▶ **8.** Ce tableau présente bien des ressemblances avec le poème de Baudelaire. Si le poète parle de canaux et qu'il s'agit ici d'un port de mer, c'est l'une des seules différences : le tableau propose lui aussi une invitation au voyage, un voyage exotique vers un ailleurs rêvé, où s'échangeront trésors d'orient et expériences nouvelles.

Le poète et son amante peuvent être assimilés aux personnages, au premier plan, sur la grève, qui regardent les navires s'éloigner vers le couchant ou rentrer au port après leur long périple.

Les bateaux qui se détachent, à droite, noirs, sur le fond orangé, semblent eux aussi « dormir », tels des vaisseaux « dont l'humeur est vagabonde ».

Là aussi, le soleil couchant revêt le paysage « d'hyacinthe et d'or ».

2ᵈᵉ partie • Rédaction et maîtrise de la langue

DICTÉE

> **POINT MÉTHODE**
>
> ❶ Attention à l'**accord des verbes** *se précipitent* et *déferlent* : il faut les accorder avec le pronom relatif *qui* mis pour *les vagues* (pluriel).
>
> ❷ Ne confonds pas les **homophones grammaticaux** *ou* et *où* : *ou* peut être remplacé par *ou bien*.
>
> ❸ Attention à *tout* devant *entière* : *tout* ne s'accorde pas, car il est placé devant un adjectif commençant par une voyelle.

Il s'assit sur le sable mouillé, et il regarda la mer monter devant lui presque jusqu'au centre du ciel. Il avait tellement pensé à cet instant-là, il avait tellement imaginé le jour **où** il la verrait enfin, réellement, pas comme sur les photos **ou** comme au cinéma, mais vraiment, la mer **tout** entière, exposée autour de lui, gonflée, avec les gros dos des vagues qui se **précipitent** et **déferlent**, les nuages d'écume, les pluies d'embrun en poussière dans la lumière du soleil, et surtout, au loin, cet horizon courbe comme un mur devant le ciel ! Il avait tellement désiré cet instant-là qu'il n'avait plus de forces, comme s'il allait mourir, **ou** bien s'endormir.

RÉÉCRITURE

Les modifications sont mises en couleur.

« **Mes** enfant**s**, **mes** sœur**s**,

Songe**z** à la douceur

D'aller là-bas vivre ensemble !

Aimer à loisir,

Aimer et mourir

Au pays qui **vous** ressemble ! »

> **Attention !**
> Il ne faut pas mettre le verbe *ressemble* au pluriel : il ne s'accorde pas avec *vous*, mais avec *pays* !

Visions poétiques du monde **CORRIGÉ** **11**

TRAVAIL D'ÉCRITURE

Voici un exemple de rédaction sur chacun des deux sujets.
Attention les titres en couleur ne doivent pas figurer sur ta copie.

Sujet A

[Présentation générale du lieu] Imagine une petite crique aux eaux turquoises encadrée de rochers qui la protègent. Les vagues s'y font douces et tièdes. Le sable est soyeux et chaud sous les pieds, fin et nacré. Pour y accéder, il faut emprunter un petit chemin en pente douce qui serpente parmi les bambous, bordé de lauriers roses et de mimosas d'un jaune éclatant. On y respire les parfums entêtants du thym, du romarin, du myrte.

[Arrière-plan] Au loin, la ligne d'horizon se détache, claire et nette, traversée parfois de petites voiles blanches.

[Premier plan] Imagine comme il est doux d'avancer dans ces eaux cristallines, de se plonger dans les vagues et de nager en explorant les fonds marins aux poissons colorés et aux coquillages délicats.

[Paysage au coucher du soleil] Au coucher de soleil, la lumière se fait magique et colore le sable, l'eau, les rochers, de rose, d'orangé, de rouge. C'est le moment que je préfère. J'aime observer le soleil disparaître à l'horizon, se noyer peu à peu jusqu'à n'être plus qu'une ultime petite tache rouge avalée par l'obscurité.

> **Conseil**
> Pour développer ton récit, tu peux évoquer le paysage à différents moments de la journée.

[Conclusion] Je ne sais pas si cet endroit existe encore tel que je l'ai connu ou s'il ne subsiste plus que dans un recoin de ma mémoire, rêvé, recréé, mais cela importe peu puisqu'il me suffit d'y songer pour en retrouver toute la magie.

Sujet B

[Introduction] J'ai toujours entendu dire que les voyages forment la jeunesse. C'est un dicton populaire, mais je pense qu'il dit vrai. Pour moi, les voyages sont une grande source d'enrichissement.

[Les voyages permettent de découvrir de nouveaux horizons] Tout d'abord, ils peuvent être une source d'évasion. Mes premiers grands voyages ont été romanesques ou cinématographiques : j'ai navigué en compagnie de pirates avec Jim Hawkins dans *L'Île au trésor*, et je suis partie à la conquête de l'Ouest dans les westerns. Ces lectures, ces films m'ont donné l'envie de découvrir le monde par moi-même et d'explorer volcans, déserts, forêts vierges… Quoi

> **Conseil**
> Classe tes arguments dans un ordre que tu auras choisi et articule-les au moyen de connecteurs.

de plus fascinant que le Stromboli, le Sahara, l'Amazonie, ou que le vaste Pacifique ?

[Les voyages apportent un enrichissement culturel] Voyager, c'est également s'enrichir, se cultiver, c'est découvrir des villes, des civilisations parfois très anciennes, merveilleusement préservées. C'est explorer des musées, comme celui du Prado à Madrid, ou encore celui des Offices à Florence. Voyager, c'est aussi rencontrer des hommes aux modes de vie différents du nôtre, aux coutumes qui peuvent nous sembler étranges : quoi de mieux pour nous aider à lutter contre nos préjugés ?

[Les voyages peuvent déclencher une prise de conscience écologiste] Voyager, c'est enfin prendre conscience combien certains milieux uniques sont en danger, combien il est temps de réagir si l'on ne veut pas voir disparaître la banquise par exemple ou la forêt amazonienne.

[Conclusion] Voyager, c'est donc une façon de s'enrichir, de s'initier au vaste monde et de voler de ses propres ailes loin du cocon familial dans lequel on a grandi.

SUJET 12

Sujet inédit • Visions poétiques du monde
50 points

Objets quotidiens

Ce sujet regroupe tous les exercices de français de la 2de épreuve écrite.

1re partie • Analyse et interprétation de textes et de documents (1 heure)

DOCUMENT A **Texte littéraire**

Ponge fait ici la description d'un objet familier de notre quotidien, le pain.

Le pain

La surface du pain est merveilleuse d'abord à cause de cette impression quasi panoramique qu'elle donne : comme si l'on avait à sa disposition sous la main les Alpes, le Taurus ou la Cordillère des Andes.

5 Ainsi donc une masse amorphe[1] en train d'éructer[2] fut glissée pour nous dans le four stellaire[3], où durcissant elle s'est façonnée en vallées, crêtes, ondulations, crevasses... Et tous ces plans dès lors si nettement articulés, ces dalles minces où la lumière avec application couche ses feux, – sans un regard pour la mollesse ignoble
10 sous-jacente.

Ce lâche et froid sous-sol que l'on nomme la mie a son tissu pareil à celui des éponges : feuilles ou fleurs y sont comme des sœurs siamoises soudées par tous les coudes à la fois. Lorsque le pain rassit ces fleurs fanent et se rétrécissent : elles se détachent alors les unes
15 des autres, et la masse en devient friable...

Mais brisons-la : car le pain doit être dans notre bouche moins objet de respect que de consommation.

Francis Ponge, *Le Parti pris des choses*, 1942, © Éditions Gallimard.

---

1. Amorphe : qui n'a pas une forme, une structure bien définie.
2. Éructer : rejeter des gaz par la bouche, roter.
3. Stellaire : relatif aux étoiles, astral.

Visions poétiques du monde   **SUJET 12**

DOCUMENT B   **Pablo Picasso, *Tête de taureau* (1942)**

Cette œuvre de Pablo Picasso est constituée de l'assemblage d'une selle et d'un guidon de vélo.

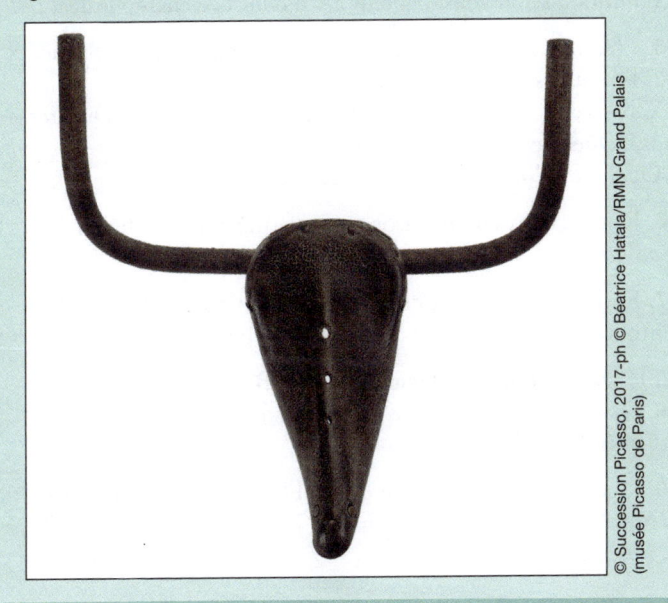

QUESTIONS   **20 POINTS**

Les réponses doivent être entièrement rédigées.

Sur le texte littéraire (document A)

▶ **1.** Quelle forme de discours trouve-t-on essentiellement dans ce texte ? *(1 point)*
❑ La forme narrative.
❑ La forme descriptive.
❑ La forme argumentative.

▶ **2.** Quel est la valeur du présent employé dans ce poème ? *(1 point)*

▶ **3. a)** Quelles sont les différentes parties du pain présentées successivement dans ce poème ? *(1 point)*
b) Sont-elles, selon vous, décrites de la même façon ? Justifiez votre réponse. *(1 point)*
c) Quelles différences peut-on trouver entre elles ? *(1 point)*

Visions poétiques du monde **SUJET 12**

▶ **4. a)** Quel est le champ lexical employé par Ponge au début du texte (lignes 1 à 7) ? *(1 point)*
b) Relevez tous les mots appartenant à ce champ lexical. *(2 points)*
c) Pourquoi, selon vous, l'auteur a-t-il choisi ce champ lexical ? *(1 point)*

▶ **5.** « feuilles ou fleurs y sont comme des sœurs siamoises soudées par tous les coudes à la fois. » (lignes 10-11)
a) Observez les jeux de sonorités dans cette phrase. Que remarquez-vous ? Quels sont les sons qui se répètent ? *(2 points)*
b) Quel est, selon vous, l'effet recherché ? *(1 point)*

▶ **6.** Relevez deux comparaisons et deux métaphores (lignes 9 à 11) *(2 points)*

▶ **7.** En vous appuyant sur vos réponses aux questions précédentes, dites pourquoi on peut dire que ce texte est un poème en prose. *(3 points)*

Sur le texte et l'image (documents A et B)
▶ **8.** Quelles réflexions l'œuvre de Picasso vous inspire-t-elle ? *(1,5 point)*

▶ **9.** Quelles ressemblances ou dissemblances pouvez-vous repérer entre les procédés employés d'une part par Ponge, d'autre part par Picasso ? *(1,5 point)*

2de partie • Rédaction et maîtrise de la langue (2 heures)

DICTÉE   **5 POINTS**

Le titre, la source de l'extrait ainsi que « évanescent » et « suspens » sont écrits au tableau au début de la dictée.

Philippe Delerm
La Première Gorgée de bière et autres plaisirs minuscules, 1997
© Éditions Gallimard

Les boules en verre

C'est l'hiver pour toujours, dans l'eau des boules de verre. On en prend une dans ses mains. La neige flotte au ralenti, dans un tourbillon né du sol, d'abord opaque, évanescent ; puis les flocons s'espacent, et le ciel bleu turquoise reprend sa fixité mélancolique. Les derniers oiseaux de papier restent en suspens quelques secondes avant de retomber. […] On prend le monde dans ses mains, la boule est vite presque chaude.

Une avalanche de flocons efface d'un seul coup cette angoisse latente des courants. Il neige au fond de soi, dans un hiver inaccessible où le léger l'emporte sur le lourd. La neige est douce au fond de l'eau.

RÉÉCRITURE   5 POINTS

« Ainsi donc une masse amorphe en train d'éructer fut glissée pour nous dans le four stellaire, où durcissant elle s'est façonnée en vallées, crêtes, ondulations, crevasses… »

Réécrivez ces lignes en mettant « une masse amorphe en train d'éructer » au pluriel et en procédant à toutes les modifications nécessaires.

TRAVAIL D'ÉCRITURE   20 POINTS

Vous traiterez au choix le sujet A ou le sujet B.
Votre rédaction sera d'une longueur minimale d'une soixantaine de lignes (300 mots environ).

Sujet A

À la manière de Francis Ponge, décrivez un objet que vous aimez. Vous n'oublierez aucun aspect : formes, matières, usages… Vous emploierez des comparaisons et des métaphores.

Sujet B

Une œuvre vous a particulièrement marqué(e) : un film, un livre, une photographie, une peinture, une sculpture… En quoi cette œuvre vous a-t-elle aidé(e) à porter un regard nouveau sur le monde ou les objets qui vous entourent ? Vous organiserez votre texte de façon argumentée.

LES CLÉS DU SUJET

■ **Les documents**

Le texte littéraire (document A)
Ce texte est extrait du recueil de poèmes intitulé *Le Parti pris des choses*, paru en 1942, dans lequel Ponge s'applique à décrire avec précision et minutie des objets quotidiens, des animaux… Il s'agit de poèmes en prose.

L'image (document B)
Le taureau est un thème cher à Picasso. L'idée de cette œuvre lui est venue alors qu'il rangeait son atelier, en découvrant une selle et un guidon de bicyclette. Aussitôt, il décida de les réunir pour créer un assemblage : cette tête de taureau. On peut parler de surréalisme, mais aussi de primitivisme : par sa simplicité, cette œuvre évoque les peintures rupestres de la préhistoire.

Visions poétiques du monde **SUJET 12**

■ Travail d'écriture (Sujet A)

Recherche d'idées

• Choisis un objet que tu aimes : tu auras d'autant plus de plaisir à le décrire. Évite cependant ceux qui sont trop compliqués, trop complexes.
• Imagine ton objet, visualise-le bien puis décris sa forme, sa structure, la ou les matières dont il est constitué, sa ou ses couleurs, sa fonction, etc.

Conseils de rédaction

Pour décrire avec précision, tu vas employer de nombreux adjectifs. Cherche ceux qui correspondent le mieux à ton objet. Par exemple, un objet peut être lisse, doux, soyeux, velouté, délicat au toucher ou au contraire rugueux, râpeux, granuleux, grumeleux, plein d'aspérités... Ce ne sont pas les adjectifs qui manquent !

■ Travail d'écriture (Sujet B)

Recherche d'idées

• Commence par choisir une œuvre qui t'a marqué, inspiré et a changé le regard que tu portes sur le monde qui t'entoure (film, livre, photographie, peinture, sculpture...).
• Certaines œuvres peuvent aussi t'avoir ouvert les yeux sur des réalités historiques ou sociales qui t'ont choqué et que tu ne veux plus voir se reproduire, comme le tableau de Picasso, *Guernica*, qui symbolise toute l'horreur de la guerre.

Conseils de rédaction

• Tu dois d'abord présenter l'œuvre, en préciser l'auteur et la décrire succinctement (évite les œuvres que tu connais mal).
• Explique ensuite l'effet qu'elle a produit sur toi : étonnement, plaisir, choc émotionnel...
• Enfin, explique en quoi elle a changé ta façon de voir les objets qui t'entourent, le monde ou les hommes.

CORRIGÉ 12

1re partie • Analyse et interprétation de textes et de documents

QUESTIONS

▶ **1.** Il s'agit du discours descriptif.

▶ **2.** C'est un présent de vérité générale.

▶ **3. a)** Ponge commence par décrire la croûte, puis la mie, l'extérieur puis l'intérieur.

b) Il emploie un lexique mélioratif pour décrire la croûte (« La surface du pain est merveilleuse », « ces dalles minces où la lumière avec application couche ses feux ») et un lexique péjoratif pour décrire la mie (« mollesse ignoble », « lâche et froid sous-sol »).

c) La croûte est dure et purifiée par le feu alors que la mie du pain est molle, humide et froide.

▶ **4. a)** Ponge emploie un vocabulaire emprunté au champ lexical de la géographie, de la géologie.

b) Voici les mots appartenant à ces champs lexicaux : panoramique, les Alpes, le Taurus, la Cordillère des Andes, vallées, crêtes, ondulations, crevasses, dalles, sous-sol.

c) Ponge utilise ce champ lexical dans le but de comparer le pain à la terre : comme elle, il présente un relief particulier fait de creux et de crêtes.

▶ **5. a)** Ponge joue sur les sonorités avec des assonances en *eu*, *œu*, *ou*, et des allitérations en *f* et *s* : « f**eu**illes ou fl**eu**rs y sont comme des **sœu**rs siamoises **sou**dées par **tou**s les c**ou**des à la **f**ois. »

Zoom
Une assonance est la reprise d'un même son voyelle ; une allitération est la reprise d'un même son consonne.

b) Ce jeu sur les sonorités permet à Ponge d'insister sur l'unité, l'homogénéité, la solidarité de chacune des petites alvéoles qui constituent la mie.

▶ **6.** Le poète emploie deux comparaisons : « son tissu pareil à celui des éponges » et « comme des sœurs siamoises soudées par tous les coudes à la fois ». S'y mêlent des métaphores : la mie rappelle un sous-sol, et les alvéoles, des fleurs et des feuilles.

▶ **7.** Ce texte est un poème en prose. Tout d'abord, il s'agit d'un texte court. Ensuite Ponge s'appuie sur de nombreuses images – comparaisons et métaphores – pour décrire le pain. Pour finir, il y a dans ce texte la musicalité particulière des poèmes : des effets de rythme, des jeux de sonorités avec de nombreuses allitérations et assonances. Il n'y a pas de rimes mais des procédés de reprises sonores qui créent comme des échos à l'intérieur du texte.

> **Zoom**
> On appelle prose tout texte qui n'est pas en vers. Il existe une poésie en prose.

▶ **8.** Picasso a employé des objets du quotidien qu'il a détournés de leur usage propre : une selle et un guidon de bicyclette. Ce faisant, il donne naissance à une œuvre d'art : une sculpture ou plutôt un assemblage représentant une tête de taureau. L'imagination de l'artiste a su transposer la réalité en une autre réalité poétique, artistique. Cette tête de taureau s'impose à nous avec autant sinon plus de puissance que si l'artiste avait créé une œuvre figurative.

▶ **9.** Ponge et Picasso s'emploient tous deux à représenter une réalité quotidienne : le premier, le pain, le second, une tête de taureau. Bien sûr, l'un part des mots, l'autre d'objets ordinaires. Mais cependant, des similitudes apparaissent entre les deux démarches : Ponge emploie des images, des comparaisons et des métaphores ; Picasso détourne les objets de leur usage habituel : la selle et le guidon de bicyclette deviennent en quelque sorte des métaphores entre ses mains pour évoquer le mufle, les cornes du taureau. On peut donc dire que les deux démarches se ressemblent sur ce point, qu'elles sont toutes deux métaphoriques.

2de partie • Rédaction et maîtrise de la langue

DICTÉE

> **POINT MÉTHODE**
>
> **❶** Attention à l'accord des compléments du nom : *verre* et *papier* sont au singulier (en verre, en papier) alors que *flocons* est au pluriel (il y a de nombreux flocons dans une avalanche).
>
> **❷** Attention à l'orthographe des noms féminins terminés par le son *-té* ou *-tié* : ils s'écrivent *-té* ou *-tié* (sans e) sauf ceux qui expriment un contenu (une assiettée, une charretée) et les mots usuels suivants : *dictée, portée, pâtée, jetée, montée*.

C'est l'hiver pour toujours, dans l'eau des boules de verre. On en prend une dans ses mains. La neige flotte au ralenti, dans un tourbillon né du sol, d'abord opaque, évanescent ; puis les flocons s'espacent, et le ciel bleu turquoise reprend sa fixité mélancolique. Les derniers oiseaux de papier restent en suspens quelques secondes avant de retomber. […] On prend le monde dans ses mains, la boule est vite presque chaude. Une avalanche de flocons efface d'un seul coup cette angoisse latente des courants. Il neige au fond de soi, dans un hiver inaccessible où le léger l'emporte sur le lourd. La neige est douce au fond de l'eau.

RÉÉCRITURE

Les modifications sont mises en couleur.

« Ainsi donc des masses amorphes en train d'éructer furent glissées pour nous dans le four stellaire, où durcissant elles se sont façonnées en vallées, crêtes, ondulations, crevasses… »

> **Attention !**
> Ne mets pas *durcissant* au pluriel : c'est un participe présent et non un adjectif verbal. Il est donc invariable.

TRAVAIL D'ÉCRITURE

Voici un exemple de rédaction sur chacun des deux sujets.
Attention les titres en couleur ne doivent pas figurer sur ta copie.

Sujet A

L'oreiller

[Matière] Deux carrés de coton blanc cousus ensemble sur leurs quatre côtés pour former une enveloppe. Le tissu est doux au toucher. L'ensemble

> **Conseil**
> Tu peux donner un titre qui nommera l'objet décrit.

est d'une grande sobriété, d'une parfaite simplicité. À l'intérieur, on sent comme un fin duvet, une matière légère et aérienne comme de la ouate qui se déplace librement sous la pression des doigts. Appuyez-y votre tête, vous aurez l'impression de vous enfoncer dans un moelleux nuage, un nid douillet.

[Couleurs, motifs et odeurs] Il est souvent habillé, enfoui dans des taies de couleurs vives à carreaux, à pois, à rayures, à fleurs, parfois parfumé avec de l'essence de lavande ou autre senteur apaisante. S'y blottir, c'est comme se lover dans un jardin secret.

[Formes et métamorphoses] Il se déforme au gré des événements et épouse la forme de ce qui s'y appuie. Au coucher, il est aérien telle une voile blanche gonflée par le vent ; au réveil, il garde l'empreinte du dormeur, la forme de son crâne ; il a été

> **Conseil**
> N'oublie pas d'employer des comparaisons et des métaphores. Cherche à varier les outils de comparaison : *comme, tel que, semblable à*… La métaphore, elle, n'est pas introduite par un outil de comparaison.

serré, travaillé, sculpté semblable à l'argile sous les doigts de l'artiste ; il n'est plus que creux, replis, failles et crêtes, recoins secrets… Il suffit alors de le secouer, de le tapoter pour qu'il retrouve sa forme originale. Parfois, il s'en échappe une plume, un flocon solitaire qui voltige comme en suspens dans la chambre avant de se poser délicatement sur le sol. Parfois aussi, lors de quelque bataille de polochons, l'oreiller explose sous les coups répétés : c'est alors une véritable tempête de neige qui obscurcit le ciel de la pièce sous les rires des enfants.

Sujet B

[Présentation de l'œuvre artistique qui a servi de déclencheur] Une série de tableaux m'a amenée à regarder le monde avec des yeux neufs et à découvrir toute la poésie qu'il recèle : il s'agit de celle que Monet a consacrée à la cathédrale de Rouen. En effet, il a su voir et montrer combien la lumière transfigure, transforme, modifie les paysages, les monuments, les choses, combien le spectacle est différent selon le moment de la journée et les conditions météorologiques – aube ou crépuscule, temps brumeux ou clair, ciels couverts ou dégagés, sombres ou lumineux…

[Un regard neuf sur le monde] C'est pourquoi, il n'y a pas un jour où je ne prends le temps de m'installer devant ma fenêtre donnant sur les toits de la ville pour observer les variations de la couleur du ciel et toutes ses déclinaisons : gris tourterelle, gris anthracite, noir d'encre, bleu nuit, bleu très pâle, violet, violine, rose, orangé, jaune paille, jaune citron… Les pierres des murs, les ardoises du toit prennent des teintes si différentes sous le soleil ou sous la pluie. J'ai appris à regarder autrement ce petit bout de paysage familier. Je pense alors à tous les tableaux que Monet aurait pu peindre de cette vue toujours changeante bien que restant la même.

[Une envie de création artistique] Comme je n'ai aucun talent pour le dessin et la peinture, j'ai choisi d'avoir toujours un appareil photo à portée de main pour capter orage, arc-en-ciel, lever ou coucher du soleil, moment où ce dernier fait flamboyer les vitres des fenêtres et les cheminées. Chacun de ces instants est unique. Il s'agit toujours du même lieu, mais à chaque fois réinventé par la magie de la lumière.

[Conclusion] J'aimerais constituer un album de toutes les photographies de ces moments privilégiés que j'ai su capter de ma fenêtre.

SUJET 13

Sujet inédit • Progrès et rêves scientifiques
50 points

Paris en 2050

Ce sujet regroupe tous les exercices de français de la 2ᵈᵉ épreuve écrite.

1ʳᵉ partie • Analyse et interprétation de textes et de documents (1 heure)

DOCUMENT A — **Texte littéraire**

Dans ce roman qui se déroule en 2050, Barjavel imagine une ville où certains principes architecturaux de Le Corbusier ont été appliqués, parfois de manière extrême.

Les studios de Radio-300 étaient installés au 96ᵉ étage de la Ville Radieuse, une des quatre Villes Hautes construites par Le Cornemusier[1] pour décongestionner Paris. La Ville Radieuse se dressait sur l'emplacement de l'ancien quartier du Haut-Vaugirard, la Ville
5 Rouge sur l'ancien bois de Boulogne, la Ville Azur sur l'ancien bois de Vincennes, et la Ville d'Or sur la Butte-Montmartre. [...]

Quelques érudits[2], amoureux du vieux Paris, se sont penchés sur les souvenirs du Montmartre disparu, et nous ont dit ce qu'était cet étrange quartier de la capitale. À l'endroit même où devait plus
10 tard s'élancer vers le zénith la masse dorée de la Ville Haute, un entassement de taudis abritait autrefois une bien pittoresque population. Ce quartier sale, malsain, surpeuplé, se trouvait être, paradoxalement, le « lieu artistique » par excellence de l'Occident. Les jeunes gens qui, à Valladolid, Munich, Gênes ou Savigny-sur-Braye,
15 sentaient s'éveiller en eux la passion des beaux-arts savaient qu'il se trouvait une seule ville au monde et, dans cette ville, un seul quartier – Montmartre – où ils eussent quelque chance de voir s'épanouir leur talent. Ils y accouraient, sacrifiaient considération, confort, à l'amour de la glaise ou de la couleur. Ils vivaient dans des ateliers,
20 sortes de remises ou de greniers dont les vitres fêlées remplaçaient un mur, parfois le plafond. [...] Ce vieux quartier fut rasé. Un peuple d'architectes et de compagnons édifia la Ville d'Or. [...]

François Deschamps, restauré, prit le chemin de son domicile. Montparnasse sommeillait, bercé d'un océan de bruits. L'air, le sol, les murs vibraient d'un bruit continu, bruit des cent mille usines qui tournaient nuit et jour, des millions d'autos, des innombrables avions qui parcouraient le ciel, des panneaux hurleurs de la publicité parlante, des postes de radio qui versaient par toutes les fenêtres ouvertes leurs chansons, leur musique et les voix enflées des *speakers*. Tout cela composait un grondement énorme et confus auquel les oreilles s'habituaient vite, et qui couvrait les simples bruits de vie, d'amour et de mort des vingt-cinq millions d'êtres humains entassés dans les maisons et dans les rues. Vingt-cinq millions, c'était le chiffre donné par le dernier recensement de la population de la capitale. [...] À Paris sévissait une crise du logement que la construction des quatre Villes Hautes n'avait pas conjurée. Le Conseil de la ville avait décidé d'en faire construire dix autres pareilles.

René Barjavel, *Ravage*, 1943, © Éditions Denoël.

1. Le Cornemusier : déformation volontaire du nom de l'architecte Le Corbusier.
2. Érudits : personnes très cultivées.

DOCUMENT B — **Le Corbusier, *Plan pour la reconstruction de Paris***

Ce plan, appelé « plan Voisin » 1925, vise à répondre aux besoins de logements de la population active. L'architecte le présente ainsi : « Ce plan s'attaque aux quartiers les plus infects, aux rues les plus étriquées... Il ouvre au point stratégique de Paris un étincelant réseau de communication. »

QUESTIONS   20 POINTS

Les réponses doivent être entièrement rédigées.

Sur le texte littéraire (document A)

▶ **1.** Quels sont les deux lieux et les deux époques qui s'opposent dans ce texte ? Comment l'un et l'autre sont-ils connotés ? *(3 points)*

▶ **2. a)** Quel est le temps majoritairement employé ? Pourquoi est-il utilisé ? *(2 points)*

b) « Quelques érudits [...] capitale » (lignes 7 à 9). Comment expliquez-vous l'emploi du passé composé dans cette phrase ? *(2 points)*

▶ **3.** « des innombrables avions qui parcouraient le ciel » (lignes 26-27).
a) Expliquez la formation du mot « innombrable », en nommant les différentes parties qui le composent. *(1,5 point)*

b) Que signifie ce terme ? *(1 point)*

c) De quels autres mots employés dans le texte peut-on le rapprocher ? *(1,5 point)*

▶ **4.** Selon vous, quel rapport ce texte entretient-il avec la réalité ? Que pouvez-vous en déduire sur le genre de l'œuvre dont il est extrait ? *(3 points)*

▶ **5.** Aimeriez-vous vivre dans la ville décrite par Barjavel ? Pourquoi ? *(2 points)*

Sur le texte et l'image (documents A et B)

▶ **6.** Quelle impression produit sur vous la photographie ? *(2 points)*

▶ **7.** Comment peut-on rapprocher la photographie et le texte ? *(2 points)*

2ᵈᵉ partie • Rédaction et maîtrise de la langue (2 heures)

DICTÉE — 5 POINTS

Le titre et la source de l'extrait et « Villes Hautes » sont écrits au tableau au début de la dictée.

René Barjavel
Ravage, 1943
© Éditions Denoël

Les lumières de la nuit

Les grands boulevards, les rues étroites des quartiers centraux, réservés aux magasins et aux lieux de plaisir, palpitaient de mille couleurs changeantes, composaient un réseau de feu que voilait légèrement une brume lumineuse. Des toits vivement éclairés des quatre Villes Hautes montaient vers le ciel des gerbes multicolores. Les avions qui prenaient l'air la nuit devaient garder leurs cabines éclairées, et c'était autant de bulles roses, bleues, vertes, blanches, dorées, mauves, grosses comme des points lumineux à leur départ, qui montaient en grossissant vers le ciel nocturne.

RÉÉCRITURE — 5 POINTS

« Les jeunes gens qui, à Valladolid, Munich, Gênes ou Savigny-sur-Braye, sentaient s'éveiller en eux la passion des beaux-arts savaient qu'il se trouvait une seule ville au monde et, dans cette ville, un seul quartier – Montmartre – où ils eussent quelque chance de voir s'épanouir leur talent. »

Réécrivez ce passage en remplaçant *Les jeunes gens* par *Le jeune homme*, et en conjuguant tous les verbes au présent de l'indicatif. Vous ferez toutes les modifications nécessaires.

TRAVAIL D'ÉCRITURE — 20 POINTS

Vous traiterez au choix le sujet A ou le sujet B.
Votre rédaction sera d'une longueur minimale d'une soixantaine de lignes (300 mots environ).

Sujet A

Âgé d'une cinquantaine d'années, vous vivez dans le Paris de 2050 décrit par Barjavel. Interrogé par votre petit-neveu, vous lui décrivez le monde dans lequel vous avez vécu, enfant. Votre texte fera alterner passages narratifs et passages dialogués.

Progrès et rêves scientifiques **SUJET 13**

Sujet B

Le texte de Barjavel oppose la modernité des quatre Villes Hautes au vieux quartier de Montmartre. À votre avis, quels peuvent être les avantages et les inconvénients d'une ville moderne, par rapport à une ville plus traditionnelle ? Vous présenterez votre réflexion dans un développement argumenté et organisé.

LES CLÉS DU SUJET

■ Les documents

Le texte littéraire (document A)

En 1943, René Barjavel imagine le monde de 2050. Les innovations technologiques sont importantes dans tous les domaines. Dans l'extrait présenté, François, le personnage principal, arrive à Paris : de grands changements, dus à la surpopulation urbaine, ont eu lieu dans la capitale.

L'image (document B)

Dans ses projets, l'architecte Le Corbusier réfléchit à l'organisation de la ville et propose des bouleversements radicaux. L'édification de villes en hauteur, en libérant près de 95 % de la surface au sol, devait selon lui permettre de répondre aux problèmes de la pénurie de logements et favoriser le bien-être des habitants.

■ Travail d'écriture (Sujet A)

Recherche d'idées

Tu dois décrire le monde actuel, mais en te projetant trente ans plus tard. Il faut donc insister sur les domaines susceptibles d'avoir beaucoup évolué dans ce laps de temps : les moyens de locomotion, les sources d'énergie, les modes de communication ou d'alimentation actuels pourront par exemple paraître exotiques ou curieux à un enfant de 2050.

Conseils de rédaction

Tu dois écrire un texte à la première personne. Précise dans un premier paragraphe le cadre de la conversation (le moment, le lieu), avant de commencer le dialogue. C'est l'adulte qui parle le plus dans l'échange. Les interventions de l'enfant peuvent dénoter l'étonnement (avec des adjectifs comme *ahuri, incrédule, ébahi*) ou l'amusement (avec des expressions comme *se réjouir, trouver divertissant*).

Progrès et rêves scientifiques **CORRIGÉ 13**

■ Travail d'écriture (Sujet B)

Recherche d'idées

Le sujet te demande d'envisager les aspects positifs *et* négatifs d'une ville moderne. Comme avantages, tu peux mentionner la résolution du problème de la crise du logement, la disparition des quartiers insalubres, une circulation plus fluide.

Comme inconvénients, tu peux penser à la trop grande concentration humaine ainsi créée, à la disparition de certains quartiers historiques et symboliques, à l'uniformisation de toutes les habitations.

Conseils de rédaction

Rappelle le thème du devoir dans un premier paragraphe d'introduction. Consacre ensuite un paragraphe aux avantages et un paragraphe aux inconvénients, dans l'ordre que tu veux. Si tu as un avis tranché sur la question, attends la fin du devoir pour le mentionner.

CORRIGÉ 13

1re partie • Analyse et interprétation de textes et de documents

QUESTIONS

▶ **1.** Les nouveaux immeubles, baptisés « Villes hautes », s'opposent aux anciens quartiers de Paris, sales et malsains, comme Montmartre. Les vieux quartiers correspondent à l'époque de publication du texte, soit la première moitié du XXe siècle. Les villes hautes sont présentées comme des innovations technologiques de 2050, et bénéficient de noms connotés positivement (« masse dorée, ville radieuse »). Pour les anciens quartiers décrits, comme Montmartre ou Montparnasse, les connotations péjoratives semblent l'emporter : « océan de bruit, grondement énorme et confus ».

▶ **2. a)** Le temps majoritairement employé dans le texte est l'imparfait, temps de la description.

Progrès et rêves scientifiques **CORRIGÉ** **13**

b) Le passé composé exprime une action passée, mais qui s'interprète par rapport au présent du narrateur : celui-ci en effet interrompt son récit pour faire un commentaire personnel (« nous ont dit »). Cette phrase est donc ancrée dans la situation d'énonciation. Le reste du récit, lui, est coupé de cette situation.

▶ **3. a)** L'adjectif *innombrables* est formé du préfixe privatif *in-*, du radical *nombr-*, suivi du suffixe *-able* (qui indique l'idée de possibilité).

b) Est *innombrable* ce qui ne peut pas être compté, car présent en trop grand nombre. Dans le texte, les avions sont trop nombreux pour être comptés.

c) On peut rapprocher ce terme de tous les autres nombres présents dans ce paragraphe, qui vont en augmentant : « cent mille » (usines), « millions » (d'autos), « vingt-cinq millions » (d'êtres humains).

▶ **4.** Publié en 1943, le roman de Barjavel décrit le monde un siècle plus tard. Il s'agit donc d'un roman d'anticipation. Les progrès scientifiques et technologiques sont un thème essentiel de ce genre littéraire. Ici, les progrès mentionnés ont un caractère parfaitement plausible.

▶ **5.** Le Paris du futur imaginé par Barjavel peut sembler moderne et plaisant. Cependant, l'auteur laisse entendre que plusieurs problèmes se posent. La très forte concentration humaine, par exemple, est effrayante (« vingt-cinq millions d'êtres humains entassés »). En outre, le progrès s'accompagne d'une certaine déshumanisation : le vacarme couvre « les simples bruits de vie, d'amour et de mort ».

> **Info +**
> Le titre *Ravage* laisse à penser qu'il est impossible que la société décrite dans les premières pages du roman puisse perdurer sans conduire l'humanité à sa perte.

▶ **6.** La photographie nous montre une maquette de Le Corbusier où de nombreux gratte-ciel sont répartis très géométriquement dans la ville de Paris. La photographie, qui rappelle le quartier de Manhattan à New York, peut provoquer une impression positive de modernité et de confort.

▶ **7.** Le texte nous dévoile une ville où les principes de l'architecte (dont le nom est très reconnaissable) ont été appliqués. Mais l'auteur choisit de présenter cette application sous un jour déplaisant, car le progrès s'accompagne d'une certaine déshumanisation : « la passion », « le talent » et « l'amour » de l'art semblent absents de cette ville.

2ᵉ partie • Rédaction et maîtrise de la langue

DICTÉE

> **POINT MÉTHODE**
>
> ❶ Le texte comporte dix-huit **adjectifs qualificatifs** : souviens-toi que chacun se rapporte à un nom dont il prend les marques de genre et de nombre. Ici les adjectifs sont généralement proches des noms qu'ils qualifient ; mais il arrive toutefois que l'adjectif soit séparé du nom par un adverbe.
>
> ❷ Les verbes sont conjugués à l'imparfait. Attention : deux phrases sont construites avec des **sujets inversés**. Pose la question « qui est-ce qui ? » ou « qu'est-ce qui ? » suivie des verbes *voiler* et *monter* pour trouver leur sujet.
>
> ❸ N'oublie pas que *quatre* et *mille* sont **invariables**.

Les grands boulevards, les rues étroites des quartiers centraux, réservés aux magasins et aux lieux de plaisir, palpitaient de mille couleurs changeantes, composaient un réseau de feu que voilait légèrement une brume lumineuse. Des toits vivement éclairés des quatre Villes Hautes montaient vers le ciel des gerbes multicolores. Les avions qui prenaient l'air la nuit devaient garder leurs cabines éclairées, et c'était autant de bulles roses, bleues, vertes, blanches, dorées, mauves, grosses comme des points lumineux à leur départ, qui montaient en grossissant vers le ciel nocturne.

RÉÉCRITURE

Les modifications sont mises en couleur.

« Le jeune homme qui, à Valladolid, Munich, Gênes ou Savigny-sur-Braye, sent s'éveiller en lui la passion des beaux-arts sait qu'il se trouve une seule ville au monde et, dans cette ville, un seul quartier – Montmartre – où il a quelque chance de voir s'épanouir son talent. »

> **Zoom**
> La forme *eussent*, qui peut te paraître compliquée, correspond au subjonctif imparfait du verbe… *avoir*, que tu sais sans problème conjuguer au présent de l'indicatif.

Progrès et rêves scientifiques **CORRIGÉ 13**

TRAVAIL D'ÉCRITURE

Voici un exemple de rédaction sur chacun des deux sujets.
Attention les titres en couleur ne doivent pas figurer sur ta copie.

Sujet A

[Passage narratif : présentation du cadre] Lundi dernier, j'ai dû aller chercher Sam, mon petit-neveu à la sortie de l'école. Ses parents, qui rentraient tard, m'avaient demandé de le garder.

> **Conseil**
> Limite-toi à la description de deux ou trois domaines. Dans cette conversation, trois domaines sont abordés : l'école, l'alimentation, les transports.

[Début du dialogue] « Salut, m'a-t-il dit lorsqu'il m'a aperçu.

– Bonjour petit. Comment s'est passée ta journée ?

– Pas très bien ; j'ai raté un exercice de code. Mais je ne sais pas si tu peux comprendre…

– J'ai beau être plus âgé que toi, j'ai quand même entendu parler du code informatique ! Mais il est vrai que lorsque j'étais petit, on nous apprenait surtout à écrire et à compter.

– Mais pour quoi faire ? m'a interrompu Sam, amusé. Vous n'aviez pas de logiciels de correction et de calcul ?

– Cela existait, bien sûr, mais l'essentiel de l'apprentissage se faisait de manière manuscrite : on recopiait des leçons, on écrivait des textes, on posait des opérations. Et il fallait attendre la sonnerie pour avoir le droit de parler, pendant un petit quart d'heure, avant de repartir pour une heure de cours.

– Tu veux dire que vous étiez obligés de rester assis et silencieux pendant toute une heure ? » m'a demandé Sam, incrédule.

[Passage narratif : commentaires du narrateur] Son air ahuri m'a fait rire. J'ai eu envie de lui décrire le monde de mon enfance de manière encore plus noire pour lui, en lui parlant de privation d'ordinateur et de téléphone. Mais j'ai résisté à la tentation.

[Fin du dialogue] « Il y avait néanmoins des choses agréables. La nourriture par exemple. J'imagine qu'à ta cantine on vous distribue des portions contenant exactement le nombre de nutriments adaptés à chacun. Quand j'étais petit, le jour des frites était attendu avec impatience. C'était gras, mais c'était délicieux. Tu voudrais que je t'en fasse ce soir ?

– Oui, s'il te plaît ! s'est-il réjoui. Et pourra-t-on faire ensuite un tour sur ce drôle d'engin que tu gardes dans ton garage, tu sais, celui avec les cercles qui tournent ?

– Un tour de vélo tu veux dire ? D'accord, si tu manges toutes tes frites. »

Sujet B

[Introduction] Dans *Ravage*, René Barjavel évoque la destruction des vieux quartiers et la construction des Villes Hautes, afin de répondre aux nouveaux besoins de la population. Une ville moderne de ce type présente alors un certain nombre d'avantages, mais aussi quelques inconvénients.

[Les avantages] Dans les villes traditionnelles, il n'est pas toujours possible de loger tous les gens qui ont besoin d'y vivre. Bâtir des villes en hauteur peut résoudre ce problème : les gratte-ciel, pour la même surface au sol, peuvent loger beaucoup plus de familles. Par ailleurs, les nouveaux logements répondent à des normes de sécurité et d'isolation plus performantes. De nouveaux édifices, modernes et sains, peuvent remplacer les logements insalubres. En définitive, la surface au sol ainsi libérée peut permettre une meilleure circulation des biens et des personnes : les déplacements sont alors plus rapides. La ville moderne présente donc des avantages appréciables.

> **Conseil**
> À l'intérieur de chaque paragraphe, utilise les connecteurs logiques pour signaler le passage d'un argument à un autre.

[Les inconvénients] Mais la ville moderne comporte aussi quelques inconvénients, à commencer par une concentration humaine excessive. Le texte de Barjavel présente une ville de vingt-cinq millions d'habitants. Or ce chiffre correspond plus à la population d'un pays que d'une ville ! Il est difficile de créer des liens avec les gens dans une structure de cette importance. En outre, si les constructions anciennes disparaissent, c'est tout une part de l'histoire qui meurt : le patrimoine français repose sur des quartiers comme Montmartre, encore aujourd'hui un des plus visités de la capitale. Enfin, si tout ce qui est plus ancien est remplacé par des constructions modernes, tout se ressemblera, il n'y aura plus de place pour la variété.

[Conclusion] Par rapport à une ville ancienne, la ville moderne présente donc des avantages certains, mais également des inconvénients non négligeables. Pour ma part, je crois être plus favorable à une ville plus traditionnelle, à taille humaine, où l'on peut encore connaître nos voisins par leur nom.

Sujet inédit • Progrès et rêves scientifiques
50 points

Expériences et découvertes

Ce sujet regroupe tous les exercices de français de la 2de épreuve écrite.

1re partie • Analyse et interprétation de textes et de documents (1 heure)

DOCUMENT A — **Texte littéraire**

Louis Pasteur, chimiste et physicien français (1822-1895), est célèbre, entre autres, pour avoir mis au point un vaccin contre la rage. Cet extrait raconte comment le savant et son équipe découvrent l'efficacité du principe de vaccination.

L'équipe de Pasteur ne s'occupait pas que du charbon[1]. On lui avait aussi demandé de mettre fin au « choléra des poules », une maladie qui paralysait la volaille avant de la tuer.

Septembre 1879. […] Dans un coin de son laboratoire parisien
5 de la rue d'Ulm, on retrouve une culture de bacilles[2] qui avaient été identifiés comme responsables de cette affection[3]. Personne ne s'en était préoccupé durant les deux mois d'été.

Pasteur prélève quelques gouttes du bouillon et les inocule[4] à des poules. Qui tombent un peu malades, mais aucune ne meurt.

10 Un peu plus tard, ces mêmes poules reçoivent une solution « jeune et neuve » des bacilles. Jour après jour, on guette fiévreusement leur état. Au bout de deux semaines, la bonne nouvelle est confirmée : aucune des volailles n'est morte.

Devant ses collaborateurs Chamberland et Roux, Pasteur se serait
15 exclamé : « Ne voyez-vous pas que ces poules ont été vaccinées ? »

[…] Et c'est ainsi qu'il a baptisé « vaccin » le germe affaibli. […]

Comment atténuer la malfaisance d'un virus ? Tel est le nouveau défi de Pasteur et de son équipe. Le tout jeune Émile Roux, l'une de ses dernières recrues, va jouer un rôle crucial. Il se murmure
20 que, déjà, pour le vaccin qui allait sauver les poules, c'est de lui que serait venue l'idée géniale. Il se chuchote aussi que la contribution

de Chamberland, autre assistant, a permis de franchir un pas décisif… Mais, silence ! C'est Pasteur, le héros de l'histoire. Ne rabotons pas sa gloire. Sauf à considérer que son premier mérite est justement
25 d'avoir constitué et conservé un tel commando. Patience, nous y viendrons. […]

Le baron de La Rochette, grand propriétaire, est, à Melun, président de la Société d'agriculture. Il offre à l'expérience sa ferme de Pouilly-le-Fort.

30 Le 5 mai 1881, une foule nombreuse déferle à la gare locale de Cesson : paysans, élus, pharmaciens, vétérinaires… La plupart, sceptiques, ricanent en voyant Pasteur et ses assistants procéder à la première série d'inoculations : vingt-cinq moutons et cinq vaches parquées dans un hangar.

35 Le 17 mai, nouvelle inoculation des mêmes animaux avec le virus moins atténué, donc plus virulent que le précédent.

31 mai : toujours devant la même foule, le bacille du charbon (plus du tout atténué) est inoculé aux trente animaux vaccinés, mais aussi à vingt-cinq moutons et cinq vaches qui n'ont reçu aucun trai-
40 tement. L'attente commence.

Et les tensions montent dans l'équipe : avons-nous choisi le bon vaccin ? Ne fallait-il pas poursuivre les recherches ? Si les vaccinés meurent, nous devrons, dans la honte, fermer notre laboratoire…

Jours d'angoisse. Nuits sans sommeil, car quelques bêtes traitées
45 souffrent de fortes fièvres.

Une semaine plus tard, quand il revient à Pouilly, des acclamations l'accueillent. Tous les animaux non vaccinés sont morts : leurs cadavres gisent, alignés sur le sol. Tous les vaccinés broutent ou gambadent.

Erik Orsenna, *La vie, la mort, la vie*, 2015,
© Librairie Arthème Fayard.

---

1. Charbon : maladie infectieuse, potentiellement mortelle, qui touche aussi bien l'homme que l'animal.
2. Culture de bacilles : élevage de microbes, qui se fait dans un liquide appelé « bouillon ».
3. Affection : maladie.
4. Inoculer : introduire dans l'organisme une substance contenant les germes d'une maladie.

DOCUMENT B   **Albert Edelfelt, *Louis Pasteur*, 1885**

En peignant ce portrait de Louis Pasteur, un des plus célèbres scientifiques de l'époque, le peintre finlandais Albert Edelfelt obtient un succès considérable.

QUESTIONS   20 POINTS

Les réponses doivent être entièrement rédigées.

Sur le texte littéraire (document A)

▶ **1. a)** Quelles sont les deux expériences successives racontées dans ce texte ? *(1 point)*
b) Quels points communs pouvez-vous relever entre ces expériences ? *(1 point)*

▶ **2.** Pour quelle raison, le 31 mai, le bacille du charbon est-il aussi inoculé aux animaux non vaccinés ? *(1 point)*

▶ **3.** Expliquez précisément quels sont les sentiments de Pasteur et de son équipe tandis qu'ils attendent les résultats des expériences. *(2 points)*

▶ **4.** Expliquez la formation du mot « fiévreusement » (ligne 11) et son sens dans le texte. Le mot « fièvres » (ligne 45) est-il à prendre dans le même sens ? *(3 points)*

Progrès et rêves scientifiques SUJET 14

▶ **5.** « Et les tensions montent dans l'équipe : avons-nous choisi le bon vaccin ? Ne fallait-il pas poursuivre les recherches ? » (lignes 41-42)
a) Comment sont rapportées les paroles dans ces phrases ? *(1 point)*
b) Est-ce une manière habituelle de procéder ? *(1 point)*
c) Pourquoi, selon vous, l'auteur procède-t-il ainsi ? *(1 point)*

▶ **6.** « Mais, silence ! C'est Pasteur, le héros de l'histoire. Ne rabotons pas sa gloire. » (lignes 23-24)
a) Quels sont les types de phrase employés ? *(1 point)*
b) Qui parle et à qui ces phrases sont-elles adressées ? *(1 point)*
c) Expliquez le sens de ces phrases en vous aidant de ce qui précède et de ce qui suit. *(1 point)*

▶ **7.** Ce texte dresse-t-il le portrait d'un homme ou d'un projet collectif ? Justifiez votre réponse par des renvois précis au texte. *(2 points)*

Sur le texte et l'image (documents A et B)
▶ **8.** Quels sont les rapports entretenus entre le texte et le tableau ? *(2 points)*

▶ **9.** Quelle impression se dégage du tableau ? Selon vous, est-ce la même que celle dégagée par le texte ? Pourquoi ? *(2 points)*

2de partie • Rédaction et maîtrise de la langue (2 heures)

DICTÉE **5 POINTS**

Le titre, la source de l'extrait et les noms Victor Hugo, Louis Pasteur et Franche-Comté sont écrits au tableau.

Erik Orsenna
La vie, la mort, la vie, 2015
© Librairie Arthème Fayard

Ils se seront détestés

Victor Hugo et Louis Pasteur. Le grand écrivain et le grand savant. Les deux phares qui, au-delà de la France, éclairent encore le monde. Deux bienfaiteurs de l'humanité. L'un, explorateur des vertiges de l'âme, a rendu leur dignité aux misérables et, pour cela, demeure célèbre de l'Amérique latine à la Chine. L'autre, découvreur des sources de la vie, a triomphé de la rage. Tous les deux nés dans cette province appelée Franche-Comté pour les libertés qu'elle savait défendre. […] L'un chérissait la liberté, l'autre la science. Quand, l'un après l'autre, la mort finit par les rattraper, le même hommage leur fut rendu […]. Ensemble, ils résument leur siècle.

RÉÉCRITURE — 5 POINTS

« Une semaine plus tard, quand il revient à Pouilly, des acclamations l'accueillent. Tous les animaux non vaccinés sont morts […] »

Réécrivez ce passage en remplaçant *il* par *ils*, et *animaux* par *bêtes*. Vous ferez toutes les modifications nécessaires.

TRAVAIL D'ÉCRITURE — 20 POINTS

Vous traiterez au choix le sujet A ou le sujet B.
Votre rédaction sera d'une longueur minimale d'une soixantaine de lignes (300 mots environ).

Sujet A

Selon vous, les découvertes scientifiques sont-elles nécessairement une source de progrès pour l'humanité ? Vous présenterez votre réflexion dans un développement organisé, en prenant appui sur des exemples tirés de vos lectures et de votre culture personnelle.

Sujet B

Vous avez fait une découverte qui révolutionne le quotidien. Vous écrivez une lettre au président de l'Académie des sciences pour lui présenter les vertus de votre découverte et le convaincre de soutenir vos travaux de recherche.

LES CLÉS DU SUJET

■ Les documents

Le texte littéraire (document A)
L'écrivain Erik Orsenna, membre de l'Académie française, occupe le fauteuil qui fut jadis celui de Louis Pasteur. Dans le livre qu'il consacre à ce grand savant du XIXe siècle, il retrace sa vie et ses nombreuses découvertes.

Le tableau (document B)
Pasteur est représenté au milieu de son laboratoire, entouré du matériel nécessaire à ses expériences. Le bocal qu'il tient dans la main contient la moelle épinière du lapin contaminé par la rage, à partir de laquelle il va mettre au point le vaccin contre cette maladie.

Progrès et rêves scientifiques **SUJET 14**

■ Travail d'écriture (sujet A)

Recherche d'idées
- Le sujet souligne le rôle des exemples dans ta réflexion. Tu peux les tirer des enseignements donnés en cours de sciences (découverte de l'électricité, par exemple) ou d'histoire (les armes chimiques faisant leur apparition pendant la Première Guerre mondiale).
- Pense également à utiliser le texte support et la découverte du principe de vaccination qui y est mentionnée.

Conseils de rédaction
- Construis ton devoir en deux parties : dans un premier paragraphe, tu traiteras des aspects positifs des découvertes scientifiques, en pensant aux progrès de la médecine et aux améliorations du quotidien ; dans un second paragraphe, tu aborderas les aspects négatifs, en mentionnant les exploitations militaires meurtrières de ces découvertes ou les expérimentations animales. Pense à étayer avec des exemples concrets.
- Donne ton avis en conclusion.

■ Travail d'écriture (sujet B)

Recherche d'idées
- Choisis un domaine qui peut toucher beaucoup de gens : l'alimentation, la pollution ou l'énergie.
- Il est inutile de rentrer dans des explications trop techniques ; pense surtout à présenter les avantages de ta découverte : gain de temps, gain de place, diminution de la pollution ou amélioration du cadre de vie.

Conseils de rédaction
- Commence par expliquer l'utilité de ta découverte en mettant en avant les problèmes qu'elle va permettre de résoudre, car il s'agit avant tout de convaincre ton destinataire de t'aider.
- Présente ensuite plus précisément ton innovation. Termine en demandant un soutien – financier ou autre – à ton destinataire.
- Respecte les codes de l'écriture épistolaire : date et lieu d'envoi, formules d'adresse et d'adieu et signature.

CORRIGÉ 14

1re partie • Analyse et interprétation de textes et de documents

QUESTIONS

▶ **1. a)** La première expérience mentionne le procédé tenté pour lutter contre une maladie appelée le « choléra des poules ». La seconde expérience est menée sur des moutons et des vaches pour lutter contre la maladie du charbon.

b) Dans les deux cas, le **protocole expérimental est identique** : un germe affaibli de la maladie est introduit chez des animaux sains, qui n'en meurent pas. Plus tard, on inocule à ces mêmes animaux un germe très virulent du virus, qui normalement devrait les tuer. Mais aucune bête ne meurt. Ces deux expériences sont donc couronnées de **succès**.

▶ **2.** Le virus est aussi inoculé à des animaux sains : c'est ce qu'on appelle **un groupe témoin**. Ils n'ont pas eu la première injection atténuée et mourront, montrant par-là même l'efficacité du vaccin reçu par les bêtes de l'autre groupe.

▶ **3.** Les scientifiques ne sont pas certains de la réussite de leurs expériences. Ils éprouvent d'abord de **l'angoisse** (« jour après jour, on guette fiévreusement leur état »). Lors de la deuxième expérience, l'angoisse est plus marquée (« les tensions montent dans l'équipe, nuits sans sommeil »), car la réussite moins certaine (« quelques bêtes traitées souffrent de fortes fièvres »). **Le soulagement et la joie ne sont pas mentionnés explicitement** : l'heure est encore à la recherche.

▶ **4.** L'adverbe « fiévreusement » est dérivé de l'adjectif « fiévreuse », suivi du **suffixe** *–ment*. L'adjectif lui-même est formé à partir du **radical** *fièvr-*. Dans le texte, l'adverbe qualifie l'état d'angoisse et d'impatience des scientifiques. Il est donc à prendre au **sens figuré**. Le mot « fièvre » qui apparaît plus loin, est employé en revanche au **sens propre** : les animaux vaccinés ont une température plus élevée.

> **Astuce**
> Pour expliquer le sens d'un mot, il est également possible de lui trouver un synonyme, c'est-à-dire un mot de même classe grammaticale. Ici, le synonyme de « fiévreusement » serait « anxieusement ».

Progrès et rêves scientifiques **CORRIGÉ 14**

▶ **5. a)** Les paroles sont rapportées au discours direct, comme le montrent l'emploi du pronom de première personne et les points d'interrogation.
b) Le discours direct n'est toutefois pas employé de manière traditionnelle, car les guillemets sont absents.
c) Cette absence peut s'expliquer par le fait qu'il s'agit plus de pensées rapportées que de paroles, et qu'elles émanent d'un groupe et non d'un individu. On aurait pu parler de discours indirect libre si le pronom de 1re personne n'avait pas été employé.

▶ **6. a)** La phrase déclarative est encadrée par deux phrases injonctives.
b) Il s'agit ici de commentaires de la part du narrateur qui interrompt le récit pour s'adresser au lecteur. L'emploi de la 1re personne du pluriel crée une complicité entre le narrateur et le lecteur, associés dans ce « nous ».

> **Zoom**
> Il existe quatre types de phrase : déclarative, injonctive, interrogative et exclamative. Dans la phrase déclarative, le présentatif « C'est » sert à mettre en valeur le nom de Pasteur.

c) Avec une certaine ironie, ces phrases précisent que tout le mérite doit être attribué à Pasteur et non à ses collaborateurs ; ce qui n'est peut-être pas vrai, mais nécessaire à l'élaboration de la légende (« C'est Pasteur, le héros de l'histoire »).

▶ **7.** Le texte dresse le portrait d'un homme : « héros » de l'histoire, c'est lui qui prononce pour la première fois le mot « vaccin » et qui est acclamé lorsqu'il retourne à Pouilly. Mais ce portrait conforme à l'image « officielle » du savant est en réalité plus nuancé : les membres de l'équipe sont présents à tous les stades des expériences et sont peut-être à l'origine des plus grandes découvertes. L'appellation anachronique « commando » souligne la force de cette équipe.

▶ **8.** Les deux documents montrent un grand savant, Pasteur, au travail. Alors que le texte détaille des expériences réalisées sur des animaux sur le terrain, avec l'aide précieuse d'une équipe entière, le tableau privilégie l'image d'un homme de laboratoire, seul dans ses recherches.

▶ **9.** Le tableau dresse le portrait d'un homme plus que d'un héros. Une impression de calme et de recherche studieuse se dégage de la toile. Le texte en revanche présente un homme en proie aux doutes et aux angoisses, menant des expériences sur le vivant tout en étant incertain du résultat.

Progrès et rêves scientifiques **CORRIGÉ 14**

2ᵈᵉ partie • Rédaction et maîtrise de la langue

DICTÉE

> **POINT MÉTHODE**
>
> ❶ Souviens-toi que le participe passé employé sans auxiliaire fonctionne comme un adjectif qualificatif : tu dois identifier le nom auquel il se rapporte pour l'accorder convenablement.
>
> ❷ Les noms féminins qui se terminent par le son –té s'écrivent sans e (sauf quelques exceptions, comme « dictée »).
>
> ❸ Attention à l'emploi des consonnes doubles dans certains mots.

Victor Hugo et Louis Pasteur. Le grand écrivain et le grand savant. Les deux phares qui, au-delà de la France, éclairent encore le monde. Deux bienfaiteurs de l'humanité. L'un, explorateur des vertiges de l'âme, a rendu leur dignité aux misérables et, pour cela, demeure célébré de l'Amérique latine à la Chine. L'autre, découvreur des sources de la vie, a triomphé de la rage. Tous les deux nés dans cette province appelée Franche-Comté pour les libertés qu'elle savait défendre. […] L'un chérissait la liberté, l'autre la science. Quand, l'un après l'autre, la mort finit par les rattraper, le même hommage leur fut rendu […]. Ensemble, ils résument leur siècle.

RÉÉCRITURE

Les modifications sont mises en couleur.

« Une semaine plus tard, quand ils reviennent à Pouilly, des acclamations les accueillent. Toutes les bêtes non vaccinées sont mortes […]. »

TRAVAIL D'ÉCRITURE

Voici un exemple de rédaction sur chacun des deux sujets.
Attention les titres en couleur ne doivent pas figurer sur ta copie.

Sujet A

[Introduction] Les découvertes scientifiques ont considérablement changé le quotidien des hommes, dans de nombreux domaines : la santé, la communication, les déplacements. On parle ainsi des « progrès » scientifiques qui améliorent notre ordinaire. Pourtant, les découvertes ne sont pas toujours synonymes d'amélioration. Nous étudierons d'abord les aspects positifs des découvertes scientifiques ; puis nous envisagerons les catastrophes qu'elles ont parfois amenées.

[Les avancées scientifiques] Les découvertes scientifiques sont souvent une source de progrès. Le recul de la mortalité est dû aux progrès de la médecine, et à la découverte du principe d'hygiène. La vaccination a aussi permis d'éradiquer nombre de maladies, comme le montre Erik Orsenna dans son ouvrage consacré à Pasteur : *La vie, la mort, la vie*. Au quotidien, nous profitons également des progrès scientifiques, et notamment de la découverte de l'électricité. Il nous semblerait difficile de nous passer de ce confort qui consiste à allumer un radiateur, une plaque électrique ou à se connecter à Internet.

[Les applications malheureuses] Cependant, les découvertes scientifiques ne sont pas nécessairement synonymes de progrès pour les hommes, car elles reçoivent souvent des applications militaires et meurtrières. Beaucoup de soldats sont tués pendant la Première Guerre mondiale par les armes chimiques qui font leur apparition et provoquent une mort lente et douloureuse. Et même dans le domaine médical, les suites des nouvelles découvertes ne sont pas toujours positives. Certains vaccins sont ainsi soupçonnés de provoquer des effets secondaires très graves et irréversibles.

[Conclusion] Les découvertes successives ont considérablement changé le quotidien des hommes. Si certaines améliorent notre vie, d'autres se révèlent meurtrières. Il est donc impossible d'affirmer que ces découvertes sont une source de progrès pour l'humanité, tant certaines applications qui en sont faites sont funestes.

Sujet B

Florine Vérin
Chemin des Plateaux
78440 Praville

> **Conseil**
> Présente ton devoir sous la forme d'une lettre, en mentionnant l'expéditeur, la date, le lieu, les formules de politesses.

Praville, le 7 juillet 2016

Monsieur le Président de l'Académie des sciences,

J'ai l'honneur de vous informer d'une découverte que j'ai faite récemment, et qui pourrait révolutionner notre quotidien.

[Rappel du contexte] La pollution toujours plus importante, et les bouleversements climatiques nous font craindre une pénurie possible de notre ressource naturelle la plus importante : l'eau. Sans eau, on le sait bien, nulle forme de vie n'est possible. Et sans purification, les bactéries et les virus pullulent, faisant du liquide un véritable poison.

[Présentation de la découverte] C'est en partant des méthodes mécaniques existantes pour filtrer l'eau que j'ai découvert un moyen beaucoup plus radical de fournir, en quantité, de l'eau potable à toute l'humanité. Par un procédé simple mais connu de moi seule, je suis désormais en mesure d'obtenir de l'eau potable à partir de n'importe quel liquide : eau de mer, jus de fruit, eau de pluie et même transpiration… Le procédé chimique utilisé est sans danger pour la santé.

[Demande de soutien] Mais pour être réellement exploitable, ma découverte nécessite quelques aménagements. Je pense notamment à la fabrication d'une machine effectuant automatiquement la transformation. C'est pour cette raison, Monsieur le Président, que j'ai l'honneur de solliciter une aide financière, qui me permettrait de mener à bien mes derniers travaux de recherche.

Dans l'attente de votre réponse, veuillez agréer, cher Monsieur, l'expression de mes salutations distinguées.

Florine Vérin

Le mémo du brevet

L'essentiel du programme en fiches

1. Reconnaître un récit 174
2. Reconnaître les formes de l'écriture de soi 175
3. Reconnaître un texte théâtral 176
4. Étudier un poème.................. 177
5. Identifier la satire 178
6. Reconnaître et construire une argumentation.................. 179
7. Écrire un dialogue argumentatif 180
8. Raconter une expérience personnelle en exprimant ses sentiments 181
9. Écrire une suite de récit.............. 182
10. Écrire un dialogue théâtral 183

1 Reconnaître un récit

Un récit est un texte narratif, c'est-à-dire un texte où un narrateur raconte une histoire. Il peut revêtir de multiples formes : récit d'aventures, d'apprentissage, de guerre…

A Identifier les composantes du récit

● Les récits sont souvent aux temps du passé. Ceux-ci ont différentes valeurs :
– l'**imparfait** est utilisé pour décrire le décor, les circonstances ;
– le **passé simple** est utilisé pour une action ponctuelle ou limitée dans le temps ;
– le **passé antérieur** et le **plus-que-parfait** sont utilisés pour les actions antérieures à celles exprimées par les verbes au passé simple et à l'imparfait.

● Un récit s'enrichit de passages qui ne sont pas purement narratifs :
– la **description** sert à peindre des lieux ou à faire le portrait des personnages ;
– le **dialogue** permet d'animer le récit et de créer un effet de réel puisque les personnages semblent s'exprimer directement ;
– les **commentaires** du narrateur, généralement au présent, interrompent parfois le récit.

B Analyser la structure d'un récit

Dans les récits courts, le conte, par exemple, l'intrigue du récit suit souvent un **schéma narratif** qui compte cinq étapes successives.

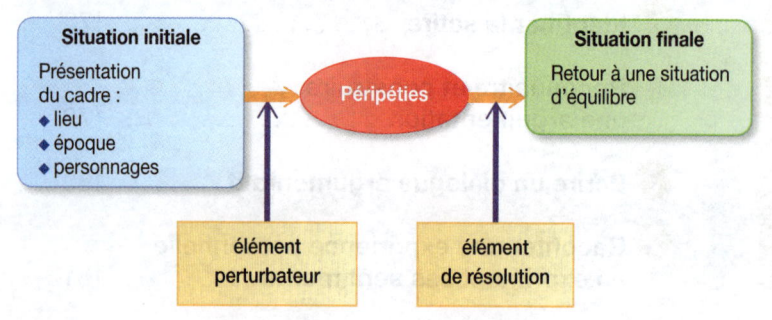

```
Situation initiale                                    Situation finale
Présentation                                          Retour à une situation
du cadre :          →    Péripéties    →              d'équilibre
 ◆ lieu
 ◆ époque
 ◆ personnages
                    ↑                  ↑
              élément              élément
           perturbateur          de résolution
```

C Comprendre la fonction des personnages

● Chaque personnage remplit un **rôle** dans l'intrigue. Le héros ou personnage principal fait évoluer l'action en fonction de sa **quête**.

● Au cours de celle-ci, il rencontre soit des personnages qui l'aident à obtenir ce qu'il souhaite, soit des personnages qui lui font obstacle.

2. Reconnaître les formes de l'écriture de soi

L'écriture de soi peut prendre des formes variées selon qu'elle est personnelle ou destinée à la publication. On parle de genre autobiographique lorsque l'auteur fait le récit de sa propre vie.

A. Repérer les caractéristiques de l'écriture de soi

1. La situation d'énonciation

- Le texte est rédigé à la **1re personne** du singulier. L'auteur, l'énonciateur et le protagoniste sont une seule et même personne. L'énonciation est subjective : le *je* ne donne que son propre point de vue.

2. Le destinataire

- Certains écrits ne sont destinés qu'à un usage privé : **lettre** adressée à un proche, **journal** destiné à faire le point sur soi-même au jour le jour…
- D'autres écrits sont destinés à la publication et deviennent une pratique littéraire. On parle généralement d'écrits ou de romans autobiographiques. Les **Mémoires** (avec une majuscule), par exemple, mettent l'accent sur l'Histoire et les grands événements plutôt que sur la vie individuelle.

B. Identifier les spécificités de l'autobiographie

- L'autobiographie est un genre littéraire où l'auteur fait le récit de sa propre vie privilégiant l'histoire de la construction de sa personnalité.
- L'autobiographie est un **récit rétrospectif** : le narrateur adulte recompose son passé.

> **REMARQUE** Le récit d'enfance est généralement développé au début de l'autobiographie, qui suit la chronologie des événements.

- C'est un récit ancré dans la **réalité**, qui relate des faits réels, des événements qui ont vraiment eu lieu. L'auteur s'engage à être sincère.
- L'autobiographie mêle donc **deux systèmes de temps** : le passé et le présent. Il y a un va-et-vient constant entre le *je* adulte, narrateur du récit, et le *je* enfant, personnage.
- Écrire sur soi repose sur l'**introspection**. L'auteur prend la plume pour se présenter, mais aussi exposer ses pensées ou peindre ses sentiments.

3 Reconnaître un texte théâtral

Lorsque tu penses au théâtre, tu imagines des acteurs, un décor, des costumes, la scène... Mais peux-tu définir exactement ce qu'est le genre théâtral ?

A Connaître les particularités du genre théâtral

● Une pièce de théâtre se différencie du genre romanesque en ce qu'elle n'est constituée que de dialogues et de didascalies. Elle est généralement divisée en actes, eux-mêmes divisés en plusieurs scènes.

> **DÉFINITION** Les didascalies sont les indications de lieu, de costumes, de jeu et de mise en scène. Elles sont généralement mises en italique ou entre parenthèses pour les différencier des dialogues.

● Le **dialogue** doit apporter les informations, faire progresser l'action, préciser les relations qui unissent les personnages et les sentiments qu'ils éprouvent.

● Le dialogue est constitué d'un échange de **répliques**. Chaque réplique est précédée du nom du personnage qui parle. Les paroles ne sont ni introduites par un verbe de parole ni placées entre guillemets.

B Connaître les conventions théâtrales

● La représentation théâtrale doit créer l'**illusion du réel** à partir d'éléments factices (décor, costumes).

● Le théâtre repose sur la règle de la **double énonciation** : les paroles prononcées par un personnage ont pour destinataires les autres personnages présents sur scène mais aussi les spectateurs. Prenons deux exemples :
– l'**aparté** est une réplique qu'un personnage s'adresse à lui-même et que les autres personnages présents sur scène ne sont pas censés entendre. Le public est ainsi mis dans la confidence.
– le **monologue** est une scène où un personnage, seul, s'adresse à lui-même mais aussi aux spectateurs auxquels il fait partager ses pensées.

4 Étudier un poème

La poésie peut prendre des formes très différentes, mais tous les poèmes ont en commun un usage particulier du langage.

A Reconnaître un poème

- Dans la poésie classique, un poème se reconnaît par sa disposition : les phrases sont découpées en **vers**, eux-mêmes regroupés en **strophes**.
- Les vers comptent un **nombre précis** de syllabes. Ils se caractérisent par la **rime** qui est la répétition du même son à la fin de deux ou plusieurs vers.
- S'affranchissant de ces règles, la poésie moderne se rapproche de la prose, un poème écrit sans vers. Cependant, la **musicalité** du langage et les **images** suscitent une émotion particulière, propre à chaque poème.

B Repérer les images

Les images poétiques se doivent d'être **originales et expressives**. Pour les faire naître, le poète utilise des figures de style.

> **REMARQUE** Une figure de style est un procédé qui crée des effets susceptibles d'agir sur la sensibilité ou l'imagination du lecteur.

- La **comparaison** établit une ressemblance entre le comparé et le comparant à l'aide d'un outil de comparaison *(comme, tel, pareil à…)*.
- La **métaphore** est une comparaison sans outil pour l'introduire. Par exemple, l'arbre généalogique est une métaphore de la famille.
- La **personnification** consiste à attribuer des propriétés humaines à un animal, à une idée, à une chose. Exemple : *L'arbre dansait dans le vent*.
- L'**allégorie** est une représentation concrète d'une idée. Par exemple, la justice est souvent représentée par une balance.

C Percevoir la musique des vers

La poésie naît d'un travail sur les sonorités et le rythme.

- Les rimes peuvent se combiner entre elles de différentes façons : rimes **suivies** (AA, BB), rimes **croisées** (ABAB) et rimes **embrassées** (ABBA).
- L'**allitération** est la répétition d'un même son consonne dans un ou plusieurs vers, qui vise à créer un effet d'imitation sonore. L'**assonance** est la répétition d'un même son voyelle.
- Le rythme est marqué par des **coupes** qui sont des pauses dans le vers situées après chaque syllabe accentuée. Elles marquent la cadence des vers.

5 Identifier la satire

Le texte et le dessin satirique visent à faire rire, mais surtout à dénoncer les défauts des hommes ou de la société.

A Qu'est-ce qu'un texte satirique ?

- C'est un texte qui attaque les vices et les ridicules d'une personne ou d'une société dans un but argumentatif. On le retrouve dans **tous les genres littéraires** : dans la fable (XVIIe siècle), la comédie (XVIIe siècle), le conte philosophique (XVIIIe siècle), le roman (XIXe siècle).

- Au XXe siècle, le registre satirique se retrouve dans les **chroniques télévisuelles** ou **radiophoniques**.

B Qu'est-ce qu'un dessin satirique ?

- Le dessin satirique se donne à voir immédiatement, souvent à la une des journaux ou sur les murs.

- Il peut prendre la forme de la **caricature** (représentation grotesque d'un personnage obtenue par la déformation de ses traits et de ses proportions). Comme un texte, il cherche à se moquer et à ridiculiser, à accuser une personne ou à critiquer une situation, à affirmer ou à dénoncer une opinion politique, sociale ou religieuse.

- Le dessin satirique s'appuie sur un certain nombre de procédés : **exagération** de particularités physiques, animalisation, végétalisation, **comparaison** dévalorisante ou encore diabolisation.

C Comment faire ?

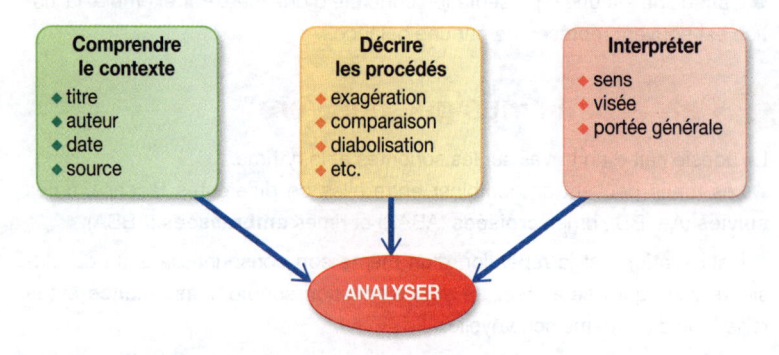

Comprendre le contexte	Décrire les procédés	Interpréter
◆ titre ◆ auteur ◆ date ◆ source	◆ exagération ◆ comparaison ◆ diabolisation ◆ etc.	◆ sens ◆ visée ◆ portée générale

→ **ANALYSER**

6 Reconnaître et construire une argumentation

Dans un texte argumentatif, l'émetteur cherche à convaincre le lecteur de quelque chose. L'argumentation peut se rencontrer dans des textes variés : articles de journaux, récits, pièces de théâtre, romans...

A Reconnaître un texte argumentatif

● Pour convaincre, l'émetteur s'implique dans son discours : les marques de la 1re personne sont nombreuses. Il s'adresse à un **destinataire** en recourant aux marques de 2e personne.

● Le **présent** de l'indicatif est le temps de référence.

● Dans un texte argumentatif, l'émetteur exprime une **opinion**. Ainsi, les marques de subjectivité sont variées (verbes d'opinion, modalisateurs, vocabulaire mélioratif ou péjoratif).

● Le locuteur peut chercher à faire partager une opinion ou pousser le destinataire à agir.

B Organiser une argumentation

Un texte argumentatif est construit autour d'une thèse argumentée et illustrée par des exemples.

● La **thèse** est l'opinion défendue par le locuteur à propos d'un sujet donné.

> **REMARQUE** La thèse s'oppose à une thèse adverse, qui peut être mentionnée par un autre personnage dans un dialogue, ou par l'émetteur principal, pour mieux la contredire.

● Les **arguments** sont les raisonnements permettant de justifier la thèse défendue. Ils ont souvent une portée générale.

● Les **exemples** illustrent les arguments et permettent de mieux les comprendre. Ce sont des faits concrets, vérifiables.

● Les **connecteurs logiques** structurent le discours et explicitent les liens entre les différentes idées : *pourtant, mais, de plus...*

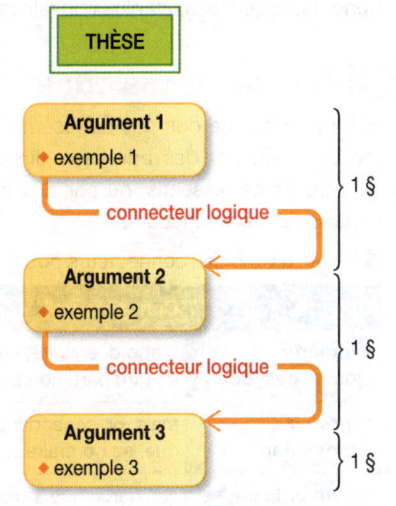

7 Écrire un dialogue argumentatif

Il s'agit d'imaginer un dialogue dans lequel deux locuteurs défendent des thèses opposées sur un sujet donné. Chacun défend son point de vue, en argumentant et en donnant des exemples dans le but de convaincre ou de persuader l'autre.

A Repérer la situation de communication

- Commence par définir le **thème** : de quoi est-il question ?
- Repère à quelle **époque** se déroule le dialogue : le vocabulaire et les idées ne seront pas les mêmes selon les époques.
- Tu dois définir qui sont les interlocuteurs et quelles thèses ils défendent.

B Prévoir la progression de l'échange

Pour éviter qu'un dialogue ne tourne en rond, il faut penser à la progression de l'échange.

- La **thèse** de chaque interlocuteur doit être soutenue par des **arguments** illustrés par des **exemples**.
- Les arguments doivent être présentés du moins convaincant (qui recevra donc des objections) au plus convaincant.

C Rédiger le dialogue

- Le dialogue ne doit pas se résumer à une énumération d'idées. Il faut le rendre vivant par des **adresses directes** à l'interlocuteur, par la mention de sentiments ressentis, ou par des **types de phrases variés** donnant de l'épaisseur aux interlocuteurs.
- Pense à varier les connecteurs pour lier arguments, objections et exemples.

Objectif	Connecteur
énumérer, ajouter des idées	d'abord, ensuite, enfin, et, de plus, par ailleurs, d'une part, d'autre part, non seulement… mais aussi…
exprimer l'opposition	mais, or, cependant, néanmoins, pourtant, malgré, alors que, au contraire…
exprimer la cause	car, parce que, puisque, comme, en raison de…
exprimer la conséquence	donc, par conséquent, c'est pourquoi, si bien que, pour…

- À la fin du dialogue, le lecteur doit savoir si l'argumentation a été efficace, et doit comprendre clairement quelle est la thèse victorieuse.

8 Raconter une expérience personnelle en exprimant ses sentiments

Relater une expérience personnelle en suivant certaines consignes est un exercice fréquent au brevet. L'expression des sentiments devra occuper une place importante dans ton récit.

A Relater une expérience

● L'expérience à raconter n'a pas à être vraie, mais seulement **vraisemblable**, c'est-à-dire crédible. Tu peux t'inspirer d'événements qui te sont réellement arrivés, ou bien en imaginer sans nécessairement qu'ils soient extraordinaires.

● On te demande d'écrire un récit à la **1re personne**, inscrit la plupart du temps dans le passé. On doit pouvoir supposer que c'est réellement de toi qu'il s'agit. Tu dois donc prêter ton caractère au *je* fictif de ton récit : le narrateur est un collégien, qui vit à notre époque.

B Exprimer des sentiments

Pour exprimer des sentiments, il est nécessaire d'employer le **champ lexical** qui convient.

Sentiment	Noms	Adjectifs
peur	malaise, horreur, terreur, panique, épouvante	horrifié, terrifié, livide, pâle
joie	bonheur, contentement, plaisir, allégresse, enthousiasme	émerveillé, heureux, satisfait, enchanté, ravi, transporté
tristesse	chagrin, désespoir, détresse, amertume, souffrance, douleur	désespéré, amer, déçu, accablé, morne, maussade
surprise	stupéfaction, incrédulité, ébahissement, ahurissement	inattendu, stupéfait, ébahi

● Tandis que les phrases courtes marquent la vivacité du sentiment, les phrases plus longues décrivent des sentiments mêlés ou opposés.

● La phrase se terminant par un **point d'exclamation** traduit des sentiments ou des émotions fortes (la colère, l'impatience, la joie…).

● Les **points de suspension** rendent un énoncé plus expressif (marque du doute, du regret…).

9 Écrire une suite de récit

Écrire la suite d'un récit, c'est poursuivre à ta manière le travail d'un écrivain : il faut donc que tu utilises ton imagination, tout en respectant les éléments présents dans le texte de référence.

A Respecter les données du texte initial

Rédiger une suite de texte demande une analyse minutieuse du texte de référence.

- Identifie d'abord le **genre** du récit : récit d'enfance, policier, réaliste… Puis, note tous les éléments narratifs qui te permettent de définir :
– le **cadre** (en répondant aux questions : où ? quand ?) ;
– le **narrateur** et les **thèmes** (qui ? quoi ?) ;
– le caractère et le comportement des **personnages**.

> **ATTENTION !** Ne mentionne pas des inventions du XXe siècle pour écrire la suite d'un texte du XIXe siècle, comme la voiture motorisée, le téléphone, etc.

- Analyse ensuite les **procédés** d'écriture : à quelle personne le récit est-il mené ? À quel temps ? Quel est le registre employé (pathétique, fantastique…) ? Quel est le ton d'ensemble (comique, tragique…) ?

- Le système de temps (soit du passé, soit du présent) de la narration doit être respecté. Si le texte est au passé, tu ne peux pas écrire une suite au présent.

B Imaginer une suite

- Détermine d'abord la **fin** de ton texte : quelles réponses vas-tu apporter aux questions soulevées par l'extrait ? Comment vas-tu satisfaire les attentes du lecteur ?

- Imagine ensuite un enchaînement de **péripéties** conduisant au dénouement que tu veux écrire.

- Vérifie que tes péripéties sont **cohérentes** avec le texte initial. Fais attention notamment au cadre spatio-temporel et au caractère des personnages.

10 Écrire un dialogue théâtral

Au théâtre, l'action ne progresse que par les paroles qu'échangent les personnages : tu dois donc écrire un dialogue vivant et efficace.

A Respecter les caractéristiques du dialogue théâtral

● Commence par indiquer le nom du personnage qui prend la parole devant sa réplique.

> **ATTENTION !** Tu ne dois pas employer de guillemets ni de verbes de parole.

● Tu peux introduire des **didascalies**, c'est-à-dire des indications scéniques, en italique ou entre parenthèses pour indiquer :
– le ton employé par l'émetteur ;
– à qui la réplique est adressée s'il y a confusion possible ;
– la posture ou les mouvements des personnages susceptibles de souligner ce qui est dit dans le dialogue.

B Construire le dialogue

Pour écrire un dialogue vivant et efficace, tu peux avoir recours à différents procédés. Pour commencer, évite les répliques qui ne servent pas à faire progresser l'action ou à créer un effet.

● Choisis le **niveau de langue** qui correspond au personnage qui parle et au genre théâtral : le niveau de langue est soutenu dans les tragédies classiques et les personnages s'expriment en alexandrins, alors que dans les comédies, les personnages peuvent s'exprimer dans un registre populaire (courant ou familier).

● Pense à alterner les **types de phrases** : tu peux faire se succéder les phrases déclaratives, interrogatives, exclamatives et injonctives.

● Tu peux varier le **rythme du dialogue** en faisant se succéder longues tirades et répliques courtes pour rendre ton dialogue vif et rapide.

● Fais avancer le dialogue au moyen de **reprises de mots**, ce qui, d'une réplique à l'autre, crée un effet d'écho.

Chouette

LE N°1* DU COLLÈGE

UN ENTRAINEMENT EFFICACE, TOUTE L'ANNÉE !

Des cahiers dans toutes les matières qui permettent aux élèves de progresser à leur rythme.

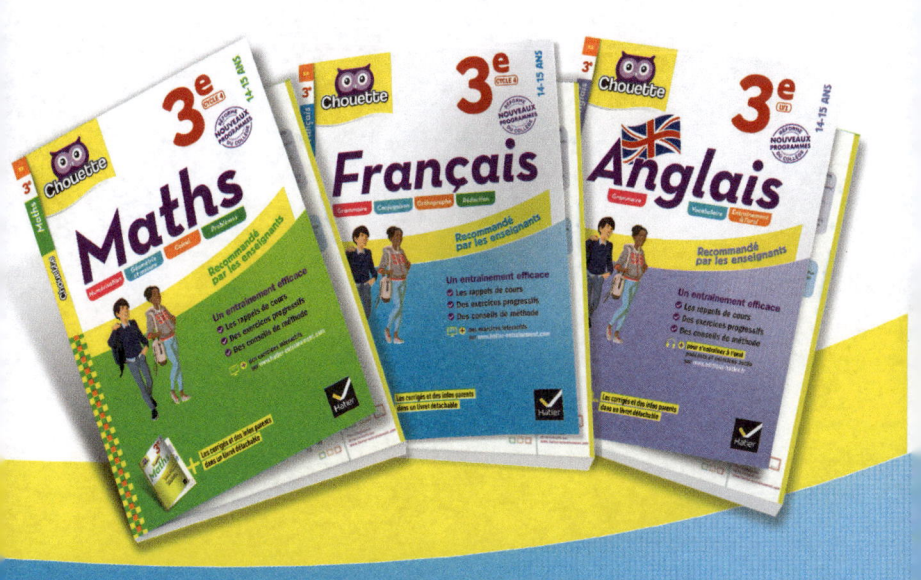

+ DE MÉTHODE
+ D'ACCOMPAGNEMENT
= LA CLÉ DE LA RÉUSSITE !

Existe aussi en Dictées, Espagnol, Allemand, Italien...

Savoir faire ■ Faire savoir

Hatier

*Source : sorties caisses GfK à fin mai 2017 ; n°1 des cahiers de soutien au collège.

Pour ton brevet
EXIGE LE N°1

GRATUIT
L'accès aux ressources de 3e
sur annabac.com

Savoir faire ■ Faire savoir Hatier

Toutes les œuvres classiques du collège avec le N°1*

ŒUVRES & THÈMES
CLASSIQUES HATIER

- 1 œuvre
+ 1 dossier thématique

Avec des pistes EPI

CLASSIQUES & CIE COLLÈGE

Pour donner le goût de la littérature

Les œuvres expliquées par les enseignants

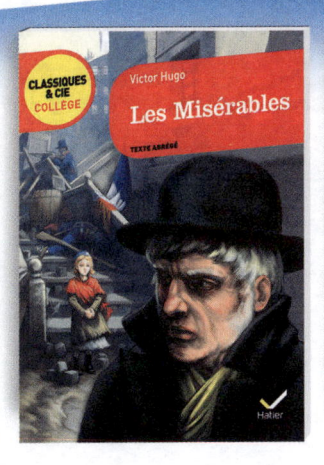

*Hatier, n°1 des classiques ; source GFK, volumes 2016

Savoir faire ▪ Faire savoir

Hatier